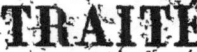

TRAITÉ

THÉORIQUE ET PRATIQUE

DE L'ACCOMPAGNEMENT

DU

PLAIN-CHANT

PAR

LOUIS NIEDERMEYER

Fondateur de l'École de Musique religieuse

ET

JOSEPH D'ORTIGUE

Ancien membre de la Commission liturgique du diocèse de Paris

---

NOUVELLE ÉDITION

SOIGNEUSEMENT REVUE ET COMPRENANT

1° Les divers modes du chant des Psaumes et des Cantiques; ceux du Gloria Patri pour l'Introït; l'accompagnement des formules des huit modes empruntées à Guido d'Arezzo, etc.; harmonisés par L. NIEDERMEYER;

2° Des Morceaux de plain-chant des huit modes, avec exemples de transposition, harmonisés d'après les principes de ce Traité d'accompagnement, par Eugène GIGOUT, Professeur à l'École de musique religieuse, Organiste du grand orgue de Saint-Augustin.

PRIX NET : 7 FRANCS

PARIS

AU *MÉNESTREL*, 2 BIS, RUE VIVIENNE

HEUGEL & Cie

ÉDITEURS DE LA MAITRISE ET DES SOLFÉGES ET MÉTHODES DU CONSERVATOIRE

*Droits de traduction et de reproduction
réservés pour tous pays.*

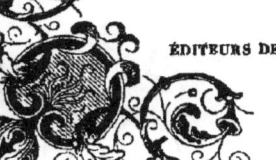

TRAITÉ

THÉORIQUE ET PRATIQUE

DE

L'ACCOMPAGNEMENT

DU

PLAIN-CHANT

TRAITÉ
THÉORIQUE ET PRATIQUE
DE L'ACCOMPAGNEMENT

DU

PLAIN-CHANT

PAR

LOUIS NIEDERMEYER

Fondateur de l'École de Musique religieuse

ET

JOSEPH D'ORTIGUE

Ancien membre de la Commission liturgique du diocèse de Paris

NOUVELLE ÉDITION

SOIGNEUSEMENT REVUE ET COMPRENANT

1° Les divers modes du chant des Psaumes et des Cantiques; ceux du Gloria Patri pour l'Introït; l'accompagnement des formules des huit modes empruntées à Guido d'Arezzo, etc., harmonisés par L. NIEDERMEYER.

2° Des morceaux de plain-chant des huit modes, avec exemples de transposition, harmonisés d'après les principes de ce Traité d'accompagnement, par M. Eugène GIGOUT, Professeur à l'École de musique religieuse, Organiste du grand orgue de Saint-Augustin.

Nonnulli novellæ scholæ discipuli... melodias hoquetis intersecant discantibus lubricant, triplis et motetis vulgaribus nonnunquam inculcant, adeo ut interdum ANTIPHONARII et GRADUALIS fundamenta despiciant, ignorent super quo ædificant, tonos nesciant, quos non discernunt, imo confundunt. (*Extravag. commun.* LIB. III.)

Quelques disciples de la nouvelle école coupent les mélodies par des *hoquets*, les efféminent par des *déchants*, les entremêlent parfois de contrepoints *triples* et de thèmes vulgaires; on dirait qu'ils se font un jeu des principes fondamentaux de l'ANTIPHONAIRE et du GRADUEL, qu'ils ignorent sur quel fond ils bâtissent, qu'ils ne connaissent pas les modes, qu'ils ne savent pas ce qui les distingue les uns des autres, ou plutôt qu'ils les confondent.

PRIX NET : **7** FRANCS

PARIS

AU *MÉNESTREL*, 2 BIS, RUE VIVIENNE

HEUGEL & Cie

ÉDITEURS DE LA MAITRISE ET DES SOLFÉGES ET MÉTHODES DU CONSERVATOIRE.

IMPRIMERIE CENTRALE DES CHEMINS DE FER. — A. CHAIX ET Cie, RUE BERGÈRE, 20, A PARIS. — 462-6.

TABLE DES MATIÈRES.

PRÉFACE

DE L'UN DES DEUX AUTEURS DE CE TRAITÉ.

L'idée de ce Traité ne m'appartient pas.

Ceux qui ont lu mon *Dictionnaire de plain-chant* savent l'opinion que j'ai professée pendant longtemps relativement à l'harmonie appliquée au chant grégorien.

Je pensais alors que le plain-chant était un système essentiellement mélodique ; que l'harmonie, étant issue d'éléments qui lui étaient étrangers et n'étant venue que plusieurs siècles après, ne pouvait s'associer à une forme de chant pour laquelle elle n'était pas faite ; qu'en conséquence, appliquer *rétroactivement* l'harmonie au plain-chant, c'était non-seulement accoupler deux choses disparates, mais les détruire l'une par l'autre, puisque l'une et l'autre reposent sur deux ordres de faits musicaux absolument différents, n'ayant ni la même origine ni la même destination. Je faisais seulement une exception en faveur de quelques faux-bourdons adoptés par l'Église dans certaines solennités.

Je n'ai nulle envie, comme on le voit, de dissimuler mes anciennes opinions, qu'on trouvera longuement développées en plusieurs endroits de mon *Dictionnaire*, notamment aux articles *Mélodie* et *Harmonie*; je les livre au jugement des lecteurs avec autant de franchise que je les énonçais naguère; bien plus, je les maintiens en un sens qui va être expliqué, et je dis qu'en présence des tentatives faites sous nos yeux, mon objection contre l'harmonie ou l'accompagnement du plain-chant subsiste encore aujourd'hui dans toute sa force.

J'ai toujours évité de mettre sur la même ligne ceux qui, par respect pour la gravité du chant ecclésiastique, ne se sont pas écartés, dans leur harmonie et leur accompagnement, de quelques accords simples et consonnants, et ceux qui n'ont pas craint de profaner les cantilènes sacrées par l'emploi des dissonances et de tous les artifices de l'art mondain. Ce n'est pas néanmoins que les uns et les autres ne fussent pleinement dans les eaux de la tonalité moderne, ceux-là par l'élément exclusivement consonnant, ceux-ci par l'élément à la fois consonnant et dissonant; ils ne pouvaient donc que me faire repousser toute harmonie, puisque, si ces derniers violaient ouvertement les lois de la *tonalité*, les premiers en détruisaient au moins la *modalité* par l'impossibilité de pouvoir discerner, dans leur système, les modes entre eux. Et je me disais que tous ces essais avaient été condamnés d'avance par la bulle Docta Sanctorum de Jean XXII, et qu'il n'en était aucun qui ne fût enveloppé dans la réprobation exprimée par ces paroles : *Adeo ut interdum Antiphonarii et Gradualis fundamenta despiciant, ignorent*

*super quo œdificant, tonos nesciant, quos non secer-
nunt, imo confundunt.*

Voilà pour le présent.

Pour le passé, on m'opposait en premier lieu la
grande école d'harmonie du xvi⁰ siècle, cette école
romaine, groupe lumineux au centre duquel apparaît
Palestrina entouré de ses brillants satellites, Orlando
Lasso, Cl. Merulo, Nanini, les deux Animuccia, les
deux Anerio, les deux Gabrielli, etc. C'est là, me
disait-on, c'est dans Palestrina qu'il faut chercher
le secret de l'harmonie applicable au plain-chant,
parce que les compositions de cette école sont écrites
sur les modes ecclésiastiques. Écrire *sur* les modes
ecclésiastiques n'est pas précisément écrire *suivant* ces
mêmes modes. Ce qu'il y a de vrai, c'est que les
maîtres dont on parle ont pris le plus souvent un ou
plusieurs thèmes de plain-chant qu'ils développaient
selon leur libre inspiration, et que le choix de tel ou tel
sujet n'impliquait pour eux aucune obligation de se
renfermer dans les limites du mode auquel ce motif
était emprunté. Sans parler de quelques dissonances
qu'on y remarque, rarement il est vrai, on peut dire
que leurs compositions, par les nombreuses altérations
de la tonalité qui s'y rencontrent, pressentent une
tonalité nouvelle à la veille d'éclore. On y a presque
partout le sentiment du mode majeur ou du mode
mineur, et, dans la conclusion des périodes, le sentiment des cadences modernes : autant de faits nouveaux
dont Palestrina n'avait pas tiré les dernières conséquences, car, il n'est pas donné au génie même d'entrevoir tout ce que contient le germe qu'il a fécondé.
Mais ces conséquences furent tirées par les succes-

seurs de ce grand homme, auxquels il faut faire remonter la formation de l'harmonie dissonante. Les œuvres de cette école ne peuvent donc se rapprocher du caractère du plain-chant que par certains traits éloignés de tonalité générale. Quant à moi, j'avais peine à saisir le rapport qui pouvait exister entre cette harmonie si savante et si riche, d'une contexture si merveilleuse, et une harmonie assez simple et assez grave pour convenir aux cantilènes traditionnelles du chant grégorien, et qui, par la production de nouveaux éléments de même nature que ceux de la mélodie, contribuât proportionnellement à mettre en relief la physionomie distinctive des divers modes.

Il en était de même des systèmes d'harmonie et d'accompagnement du plain-chant antérieurs au xvie siècle, qu'on m'opposait en second lieu ; systèmes exhumés de la poudre des bibliothèques et qu'on nous étalait avec certains airs de triomphe que je comprends s'il s'agit de se récrier sur une découverte archéologique, que je ne comprends pas s'il s'agit de la solution du problème musical. Que nous disent ces vieux auteurs étonnés de se voir tout à coup renaître de leurs cendres ? Passant sous silence les éléments essentiels sur lesquels repose la distinction des huit modes, savoir, leurs échelles respectives, et, dans chaque échelle, la position des demi-tons ainsi que la *finale* et la *dominante*, ou bien ne parlant de ces choses que d'une manière purement spéculative pour n'en tenir aucun compte quand il faut en venir à l'application de leurs prétendues règles harmoniques, ces vieux pédagogues soumettent indistinctement les modes ecclésiastiques aux prescriptions d'une science incertaine, variable, à peine ébauchée, consultant d'ailleurs bien moins les convenances du chant de l'Église que les suggestions équivoques d'une oreille mal exercée. Je demandais une théorie de l'harmonie du plain-chant fondée sur la tonalité antique ; on me répondait par d'informes rudiments de la science moderne. En vérité, l'archéologie est une belle chose, mais il s'agit peut-être ici d'art musical.

On concevra maintenant qu'en présence d'une telle anarchie, de cette absence totale de base, de but, de principes, de doctrine et d'unité, ballotté entre l'empirisme et l'arbitraire, soit que j'interrogeasse l'histoire ou les faits contemporains, les chefs-d'œuvre anciens ou les essais modernes, les prétendus théoriciens passés ou les prétendus réformateurs présents, on concevra, dis-je, que je me sois réfugié dans mon for intérieur, et que, retranché dans mes convictions personnelles, j'aie fini par tirer cette conclusion : Le plain-chant est inharmonique ! Le plain-chant est essentiellement mélodique !

Et cependant, tandis que je parlais ainsi, il y avait là, sous mes yeux, un fait terrible, fatal, inexorable, contre lequel il était impossible de lutter : le fait de toutes les églises adoptant un plain-chant en harmonie, un plain-chant accompagné, par suite de l'introduction de l'orgue de chœur dans les temples. L'élan était donné, l'entraînement général. Quelle digue opposer à ce torrent qui envahissait tout, et auquel les artistes, les maîtres de chapelle, les organistes, les fidèles, le clergé lui-même, avaient creusé un lit ?

Ah! n'accusons pas trop le clergé, et sachons respecter les préoccupations (chaque siècle amène les siennes) qui,

de nos jours, l'ont empêché de donner le temps et l'attention qu'il consacrait autrefois à l'étude du chant ecclésiastique. Dans le doute, dans l'incertitude où le jetait
ce chaos d'opinions, de théories, de systèmes contradictoires, véritable Babel musicale, le clergé ne savait
à qui entendre, et, toujours trop confiant (c'est là son
défaut, parce que c'est là une de ses vertus), il se
laissait aller au premier venu, organiste, chantre,
maître de chapelle, qui lui disait : J'ai découvert l'art
religieux du XIXᵉ siècle ! j'ai trouvé l'harmonie appro-
priée aux besoins de l'époque : prenez mon art ! —
Et, de guerre lasse, le clergé prenait cet art bien ou
mal léché. Ce fut un vertige. Il s'était introduit jusque
dans les sacristies je ne sais quel argot d'érudition
apocryphe. On y dissertait à tout propos d'*harmonie
consonnante*, d'*harmonie dissonante*, de *note sensible*,
d'*accord de septième*, de *septième diminuée*, etc. Il
n'était pas de clerc tant soit peu huppé qui n'opinât
doctoralement à ce qu'on se tint en garde contre les
esprits exclusifs ; faisant ingénieusement observer que
les accords n'avaient rien d'hérétique en soi ; qu'il
n'était pas de mélodies de tréteaux et de carrefour si
vagabondes et si effrontées qui ne pussent être régé-
nérées et purifiées au contact des textes sacrés ; et
quant au *triton*, au *diabolus in musica*, dont on faisait
un si grand épouvantail, le conciliabule était d'avis
que, tant que le diable resterait renfermé dans le
domaine musical, il ne serait pas bien redoutable.

Pour se reconnaître au milieu de toutes ces discus-
sions et de ces commérages d'un nouveau genre, le
clergé avait fort à faire. En attendant, avec l'harmonie, la musique s'installait au lutrin. L'opéra, trop

à l'étroit sur les théâtres, rebroussait jusque dans le sanctuaire. Rossini et Meyerbeer, que dis-je? Musard, venaient détrôner saint Grégoire.

Or, en ce temps-là, je poursuivais la longue et laborieuse tâche de mon *Dictionnaire de plain-chant*. En face, d'une part, de la nomenclature interminable de mes articles, d'autre part, de cette inondation de la musique profane, je croyais dresser un obituaire. Voilà que dans la préface de ce gros livre, je laisse échapper ce cri de ma poitrine : Le plain-chant se meurt ! La tonalité ecclésiastique est morte ! Ce qui voulait dire : Le goût théâtral qui nous domine a chassé de notre intelligence et de nos cœurs le sens et l'esprit du plain-chant, comme les accents mondains l'ont chassé de nos oreilles. Cri de douleur, cri d'angoisse, mais aussi cri d'alarme, car je voulais réveiller les fidèles, les gens de goût, le clergé, de leur engourdissement. Et néanmoins, tandis que, d'un côté, je déclarais mort le plain-chant, de l'autre, j'essayais de le sauver. Y avait-il là contradiction ? — Oui, me dit-on. — Il fallait donc, en même temps que j'écrivais : Le plain-chant est mort, il fallait biffer du même trait de plume tout le reste de mon travail ! S'il y avait contradiction, c'était une contradiction dont j'avais la conscience comme le médecin a conscience de lui-même, alors que, déclarant son malade désespéré, il essaye de tout et ne l'abandonne jamais tant qu'il reste un souffle de vie.

Quelles que fussent mes répugnances à admettre un système quelconque d'harmonie ou d'accompagnement appliqué au plain-chant, je me dis qu'entre le système qui mettait le moins en péril la tonalité grégorienne et le débordement complet de l'art mondain dans l'Église, il n'y avait pas à hésiter ; qu'il fallait, sinon songer à conjurer le mal, du moins retenir l'art sacré sur la pente, en un mot gagner du temps. Je crus donc faire sagement, sur cette grave question de l'accompagnement du plain-chant, en reproduisant un article déjà publié dans l'ancienne *Revue de Musique religieuse* de M. Danjou, et, pour qu'on ne m'accusât pas de m'être borné à l'avis d'un seul homme sur un sujet de cette importance, je demandai à un théoricien distingué un traité plus étendu encore sur la même matière ; en sorte que, tout en dégageant ma responsabilité personnelle, je pus enrichir mon *Dictionnaire* de deux travaux dus à deux écrivains compétents, dont j'avais peut-être raison de ne pas partager les opinions sur ce point, puisqu'ils ne s'accordaient pas entre eux.

Ceux qui voudront s'amuser à relever des contradictions dans ce que j'ai écrit relativement au plain-chant, auront beau jeu avec moi ; car après avoir professé l'opinion que le plain-chant est inharmonique, j'ai accepté une part de collaboration et par conséquent de responsabilité dans le présent Traité. Cette proposition : « Le plain-chant est inharmonique, » je la maintiens encore, mais en faisant une distinction. Le plain-chant est inharmonique *par* la tonalité moderne, attendu qu'entre les éléments du système ecclésiastique et les éléments de la musique moderne, il existe une incompatibilité radicale, comme notre théorie le démontre à chaque page. Mais le plain-chant est harmonique *par* sa propre tonalité. En d'autres termes, la tonalité ecclésiastique possède des énergies telles qu'on en peut faire sortir naturellement une harmonie *sui generis,* en même temps

qu'elle repousse une harmonie procédant d'un sys·
tème constitué sur des bases différentes. Cette distinction, que je n'avais pas faite dans le principe, il
n'en coûte aucun sacrifice à mon amour-propre de
déclarer que je ne l'aurais sans doute jamais faite de
moi-même. J'éprouve, au contraire, une joie sensible à
reporter à mon précieux collaborateur et ami l'honneur d'une conversion qui m'a mis en possession d'une
vérité que je n'entrevoyais qu'à demi. Ce fut lorsque
M. Niedermeyer m'eut démontré que non-seulement
le plain-chant était susceptible d'une belle harmonie,
mais encore que cette harmonie n'était que le développement naturel des lois mélodiques du plain-chant
lui-même, que je compris cette fécondité propre au
système des modes ecclésiastiques, en vertu de laquelle,
loin d'être déshérité des avantages du système moderne,
il peut et doit engendrer aussi bien que ce dernier une
théorie harmonique.

M. Niedermeyer détermina en moi cette conviction
par le simple exposé de deux règles fondamentales :

1° Nécessité, dans l'accompagnement du plain-chant,
de l'emploi exclusif des notes de l'échelle ;

2° Nécessité d'attribuer aux accords de *finale* et de
dominante, dans chaque mode, des fonctions ana-
logues à celles que ces notes essentielles exercent dans
la mélodie.

La première de ces règles donne les lois de la *tonalité* générale du plain-chant ; la seconde donne les lois
de la *modalité,* lois en vertu desquelles les modes
peuvent être discernés entre eux.

L'énoncé de ces deux règles fut pour moi un trait
de lumière ; à l'instant les bases du système harmo-

nique grégorien me furent révélées. J'entrevis sans
peine qu'une bonne harmonie, dans toute tonalité,
n'étant que le résultat de quatre mélodies simultanées,
les trois mélodies ajoutées dans le plain-chant à la
mélodie principale, loin de rendre plus confuse la per-
ception du mode, devaient, au contraire, contribuer
pour leur part à le mettre en lumière, puisque chacune
de ces mélodies justifie de son côté les mêmes lois.

Après que cette communication m'eut été faite, nous
eûmes, mon collaborateur et moi, pendant plus d'un
an, des conférences presque journalières dont le présent Traité a été le résultat. Je crois qu'il repose sur
des bases toutes nouvelles, bases bien simples et bien
naturelles pourtant, mais nouvelles en ce sens que
nous en avons fait les premiers le fondement d'une
théorie complète, encore que ces bases aient pu avoir
été entrevues en partie par d'autres.

Dans mon opinion, une semblable théorie ne pouvait
guère être mise en lumière qu'à l'époque actuelle ; elle
est le fruit de ce lent et profond travail d'analyse et
de comparaison auquel les deux tonalités, ancienne et
moderne, ont été soumises, et qui a, pour ainsi dire,
dévoilé et mis à nu, dans leurs plis et replis, les éléments constitutifs des deux systèmes. Je sais ce que
m'impose mon titre de collaborateur, et qu'à moi seul il
est interdit en ce moment de louer celui au nom de
qui mon nom se trouve associé ; mais je ne peux
empêcher que les faits ne parlent d'eux-mêmes. Qu'il
me soit donc permis d'ajouter que les bases d'une
pareille théorie ne pouvaient être posées que par un
homme à la fois grand musicien, grand harmoniste,
grand praticien de plain-chant, également versé dans la

connaissance des diverses écoles d'harmonie, surtout
de l'école moderne et de celle du xvi° siècle. Un pareil
homme seul pouvait démêler clairement et sainement
apprécier ce qui est des éléments d'une tonalité et ce
qui est des éléments d'une autre, éléments divers, disparates, antipathiques, qui, sans le flambeau de la
science musicale, s'entrechoquent, se heurtent dans le
cerveau ténébreux de certains théoriciens et archéologues
musiciens, au point que ces savants, si estimables
d'ailleurs, sont condamnés dans le même livre, dans le
même chapitre, dans la même page, à dire le pour et
le contre, le blanc et le noir, avec un laisser-aller qu'on
ne saurait trop admirer.

Les règles de l'harmonie grégorienne découlant,
comme il a été dit, des lois purement mélodiques du
plain-chant, le plan que nous avions à suivre était
d'une extrême simplicité.

Dans les *Notions préliminaires*, nous avons exposé
le plus nettement et le plus succinctement qu'il nous
a été possible les lois mélodiques sur lesquelles repose
la constitution du plain-chant, telles qu'elles ont été
enseignées par les théoriciens les plus estimés : Guido
d'Arezzo, Odon de Cluny, D. Jumilhac, Lebeuf, Pois-
son. Nous avons donné la raison des huit modes, de
leurs rapports par l'identité des finales dans chaque
authentique et dans chaque plagal son dérivé ; de
leurs différences par la diversité des échelles, par
le déplacement des demi-tons, par les finales et les
dominantes, etc. Nous pensons avoir fait entrer dans
ces *Notions préliminaires* tout ce qu'il était nécessaire
de savoir pour l'objet qui nous occupe.

Nous avons posé ensuite les règles générales de

2

l'harmonie grégorienne, les unes ayant trait à la *tona-lité,* les autres à la *modalité;* après quoi, nous avons montré successivement l'application de ces règles géné-rales aux huit modes, réservant pour deux digres-sions, placées l'une après les quatre premiers modes, l'autre après les quatre derniers, l'examen de quelques difficultés qu'il fallait résoudre à l'aide de considéra-tions d'une certaine étendue, et peu susceptibles d'être présentées sous une forme didactique.

Les règles à suivre pour la transposition et la réduction des modes sont venues naturellement se placer après les règles des modes eux-mêmes, et nous avons terminé par une des parties les plus intéressantes de l'office divin, l'accompagnement de la psalmodie, dont nous avons donné de nombreux exemples.

Tel est l'ordre que nous avons suivi dans notre Traité; nous croyons pouvoir dire que cette œuvre se tient et s'enchaîne dans toutes ses parties, qu'elle forme un tout parfaitement un et logique, non qu'on doive faire honneur de ce mérite au talent et à l'ha-bileté des deux auteurs, mais parce qu'ils ont eu le bonheur de rencontrer le vrai, et qu'appuyés sur les lois immuables de la tonalité ecclésiastique, ils ont soumis, en dehors de toute idée de système, leur esprit et leurs facultés à l'action de ces mêmes lois se déployant librement dans leurs suites et leurs applications.

.   .   .   .

.   .   .   .

Nous mettons particulièrement notre Traité sous la protection éclairée de Son Excellence M. le Ministre de l'instruction publique et des cultes, dont l'esprit est à la fois si élevé, si calme, si bienveillant, et nous espérons qu'il rendra justice à la pureté de nos intentions comme à la sincérité des efforts que nous faisons pour sauver la plus belle forme d'art, l'art religieux, de la ruine dans laquelle l'art profane menace de l'entraîner.

L'art profane a ses théâtres, ses concerts, ses salons, ses fêtes en plein soleil et au grand air : assez comme cela ! Nous ne demandons pour le chant d'église d'autre place que l'église ; mais nous voulons qu'il y règne souverainement. Qu'il cesse de subir la loi d'un art étranger et tout rentre dans l'ordre : l'émancipation de l'un vient en aide au développement de l'autre, car, l'histoire l'atteste, aussi longtemps que l'art religieux a été libre possesseur du temple, il a étendu son souffle bienfaisant sur l'art mondain, qu'il a guidé dans ses évolutions, réglé dans ses transformations. Nous demandons que tout ce qui concourt à la splendeur de cet art religieux, les voix, l'orgue de chœur comme le grand orgue, soient ramenés à leur vraie destination, afin que les âmes fatiguées des bruits d'ici-bas puissent trouver un refuge aux pieds des autels, et y goûter, au sortir des agitations terrestres, quelques instants de repos et de paix.

J. D'ORTIGUE.

Paris, le 26 décembre 1856.

P. S. JANVIER 1857. — Quelques lignes ont été effacées à la page précédente ; il y a là un espace qui doit rester vide. Nous y avions inscrit (Dieu sait avec quelle joie et quelle confiance !) le nom d'un illustre Pontife, bien assuré que ce nom serait, pour notre travail, un gage de protection. Plusieurs fois, en effet, nous avions recueilli de la bouche du saint Prélat de telles paroles d'encouragement et de sympathie, que nous avions espéré pouvoir, dans la mesure de nos forces, seconder les plans formés par lui pour la régénération et la discipline du chant dans son diocèse. Vaines illusions ! La foudre éclate, et le pasteur est à tout jamais enlevé à son troupeau. Aussi, dans la cité, hors de de la cité, quelle stupeur et quelle angoisse inexprimables ! Qui, au nom du meurtrier et au nom de la victime, n'a cru entendre retentir ces accents lugubres :

> Comment en un plomb vil l'or pur s'est-il changé ?
> Quel est, dans le lieu saint, ce Pontife égorgé ?
> Pleure, Jérusalem, pleure, cité perfide,
> Des prophètes divins malheureuse homicide !...

Toutefois, que le nom de Monseigneur Marie-Dominique-Auguste Sibour reste gravé sur ces pages. Il y a quelques jours, nous invoquions son appui ; nous voulons désormais honorer sa mémoire. Que ce soit là notre recommandation auprès de l'auguste successeur aux pieds duquel nous déposons l'hommage de notre profonde vénération. Puisse le nom du nouvel Élu dissiper, comme un soleil, les nuages sinistres amoncelés autour d'un siége épiscopal deux fois ensanglanté !

> . . . . Dieu de Sion, rappelle,
> Rappelle en sa faveur les antiques bontés !. . . . .

Et puissions-nous ajouter encore :

> Peuples de la terre, chantez !
> Jérusalem renaît plus charmante et plus belle !

TRAITÉ

DE

L'ACCOMPAGNEMENT DU PLAIN-CHANT

NOTIONS PRÉLIMINAIRES.

Nous supposons que l'élève est déjà musicien, qu'il est capable de chanter à livre ouvert, qu'il joue de l'orgue ou du piano, et qu'il a quelques notions d'harmonie.

Les règles de l'accompagnement du plain-chant découlant naturellement des lois de la tonalité ecclésiastique, il est très-important que l'élève se pénètre des notions suivantes :

I. — *Formation et constitution du système ecclésiastique.*

La première formule de pratique musicale adaptée au culte chrétien est due à saint Ambroise, qui fut archevêque de Milan depuis l'an 374 jusqu'en 397. Cette formule se composait de quatre séries de sons, formées de huit notes chacune et appartenant à l'ordre diatonique, lesquelles se rapportaient aux quatre modes les plus usités des anciens modes grecs. On entendait, et l'on entend encore par *mode*, une division particulière de l'échelle musicale, propre à une série et qui la distingue des autres séries. Et comme chaque mode avait son caractère, son expression et, pour ainsi dire, sa physionomie résultant de sa constitution, les Grecs les avaient distingués par des noms en rapport avec l'ordre d'idées ou de sentiments que les modes repré-

sentaient ; de là les dénominations de *dorien*, de *phrygien*, etc.
Ainsi les quatre séries choisies par saint Ambroise furent celles-ci :

MODE DORIEN. Ré—mi—fa—sol—la—si—ut—ré.

MODE PHRYGIEN. Mi—fa—sol—la—si—ut—ré—mi.

MODE ÉOLIEN. . Fa—sol—la—si—ut—ré—mi—fa.

MODE MIXOLIDIEN. Sol—la—si—ut—ré—mi—fa—sol.

On peut observer dans ce petit tableau :

1° Que le point de départ de la deuxième, de la troisième et
de la quatrième série, est à un degré du point de départ de celle
qui la précède ; qu'ainsi le point de départ de la première étant
ré, celui de la seconde est *mi*, celui de la troisième *fa*, et celui
de la quatrième *sol;* 2° que, dans ces quatre séries, et quel que
soit leur point de départ, les deux demi-tons se trouvant invaria-
blement fixés dans les espaces compris entre *mi* et *fa*, et entre
si et *ut*, il résulte, de la combinaison de la fixité des deux demi-
tons et de la mobilité du point de départ, une différence radicale
entre chacune de ces séries, quant à l'ordre et à l'arrangement
des intervalles. C'est là ce qui donne naissance aux modes, qui
sont, comme dit D. Jumilhac, des « manières de mélodie » d'où
découlent les tours mélodiques, les formes constitutives qui leur
sont propres et qui les caractérisent essentiellement, de telle
sorte qu'aucun mode ne peut être confondu avec un autre mode.

Mais ce n'est pas de ces quatre séries seulement que se compose la formule générale du *chant grégorien*, et cette dernière
expression indique déjà qu'après saint Ambroise un autre réformateur compléta cette formule, ainsi que nous allons l'expliquer.

Saint Grégoire le Grand, qui occupa le siége apostolique
depuis 591 jusqu'en 604, ayant jugé que le système de saint
Ambroise était devenu insuffisant, à cause du grand nombre de
cantilènes qui s'étaient introduites dans l'Église depuis deux cents
ans, et qui, pour la plupart, dépassaient les limites dans lesquelles

les échelles de saint Ambroise avaient en quelque sorte empri-
sonné les voix des fidèles; ce grand pontife, disons-nous, eut
l'idée d'agrandir, pour ainsi parler, l'*ambitus* vocal, et d'assu-
jettir à de nouvelles échelles les nouvelles mélodies. Les échelles
anciennes étaient au nombre de quatre ; il les porta à huit,
mais de quelle manière? C'est ce qu'il importe de savoir, pour
bien se convaincre que saint Grégoire voulut moins innover que
développer, en d'autres termes, voulut moins ajouter quatre
échelles réelles, que faire dériver une nouvelle échelle de chacune des quatre premières.

Prenant donc les modes de saint Ambroise, il fit dériver de
chaque série une seconde série, en substituant à la division
de l'octave par la quinte, autrement appelée, dans la théorie
grecque, *division harmonique*, la division par la quarte, autrement dite *division arithmétique*. Ainsi l'échelle du premier mode

divisée harmoniquement donne :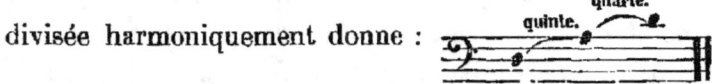

Dans cet exemple la quinte est en bas, la quarte en haut.
Pour obtenir le second mode, le réformateur n'eut qu'à transpor-
ter, par le renversement, la quarte en bas et la quinte en haut;

de cette manière : 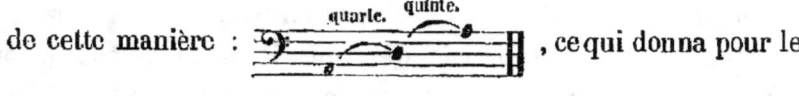 , ce qui donna pour le

premier mode et son dérivé les deux séries suivantes :

Mode authentique. 1. Division harmonique.

Mode plagal. 2. Division arithmétique.

Ainsi pour les autres séries de saint Ambroise :

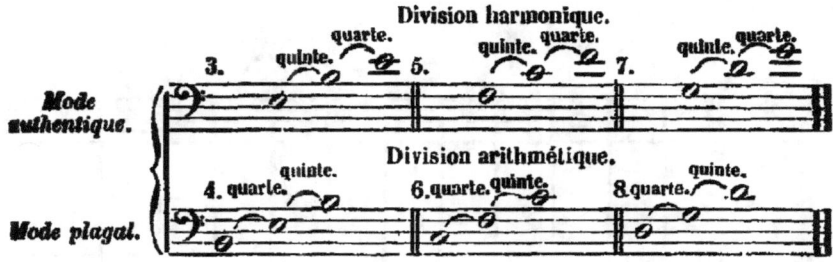

Les modes ajoutés de cette manière furent appelés *plagaux* ou *dérivés;* on les nomma aussi *inférieurs, collatéraux, compairs,* tandis que les quatre premiers, qui avaient pour eux l'ancienneté, reçurent les noms d'*authentiques, principaux, supérieurs,* etc.

Les divers noms des quatre derniers modes indiquent que ces modes furent considérés moins comme des modes nouveaux et distincts que comme des variétés et des modifications des modes anciens. La note finale de l'authentique resta la même dans le plagal : *ré* pour le premier authentique et son dérivé, *mi* pour le deuxième authentique et son dérivé, *fa* pour le troisième authentique et son dérivé, *sol* pour le quatrième authentique et son dérivé (1). Chaque plagal fut intercalé au rang où il avait pris naissance ; en sorte que, par cette intercalation, le deuxième mode authentique ou de saint Ambroise, devint le troisième, le troisième devint le cinquième, et le quatrième devint le septième. De là les dénominations de *pairs* et d'*impairs* que l'on donna aux modes selon leurs numéros d'ordre. Les *impairs* sont les authentiques, les *pairs* sont les plagaux.

Un simple coup d'œil suffit pour le démontrer.

(*Voir le tableau ci-après.*)

_____

(1) D'où l'on comprendra la raison pour laquelle certains théoriciens n'ont compté que quatre ou six modes, suivant que l'on s'en tient, comme nous verrons tout à l'heure, aux huit modes de saint Grégoire, ou bien qu'on en porte le nombre à douze : quatre ou six modes principaux mais *doubles,* c'est-à-dire

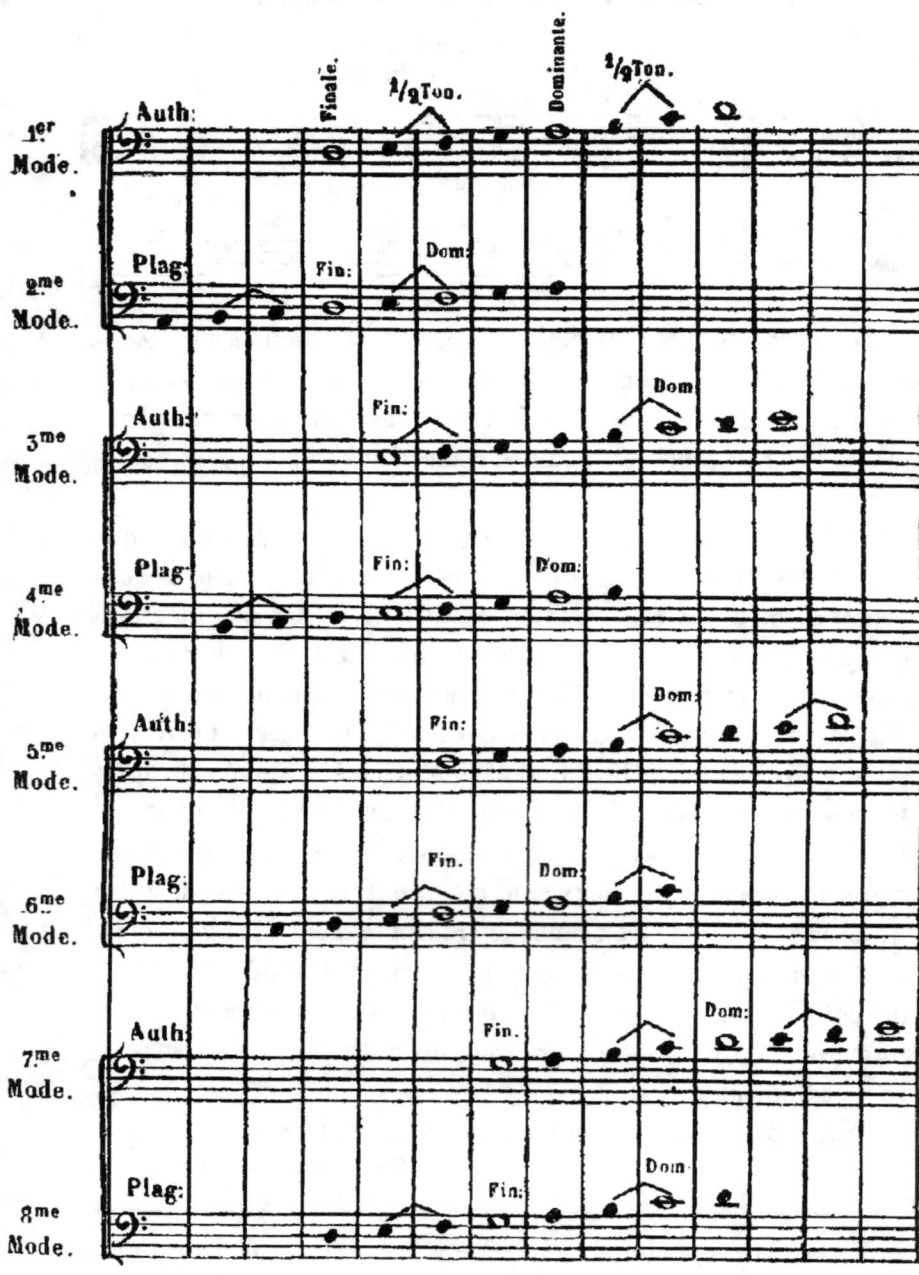

Donc, huit modes qui se rangent deux par deux sous la dépendance d'une même note finale.

Ainsi, nous le répétons, 1 et 2 avec *ré* pour finale ; 3 et 4 avec *mi* ; 5 et 6 avec *fa* ; 7 et 8 avec *sol*.

On conçoit déjà la diversité de caractère et d'expression que cette note finale prête aux différents modes, soit que, comme dans l'authentique, elle occupe le degré le plus grave de l'échelle, soit que, comme dans le plagal, elle soit située au centre de cette même échelle.

Mais ce n'est pas seulement la note finale qui donne aux modes ce caractère. La physionomie, la force tonale de chaque mode dépendent aussi du retour des autres *notes essentielles*. Celles-ci sont, suivant tous les théoriciens, les deux extrêmes de l'échelle, la *médiante* et surtout la *dominante*. « La dominante, » dit D. Jumilhac, est comme la maistresse ou la reyne des » autres notes, et celle sur qui le chant a davantage son cours, » son retour et son soustien, et qui, jointe avec la finale, » *donnent ensemble la principale forme et la distinction à chaque* » *mode*..... Ce sont proprement ces deux voix, ajoute ce pro- » fond théoricien, la finale et la dominante, qui donnent la » forme aux modes et en font la distinction et la différence (1). » Comme nous le verrons, ces deux notes fondamentales de la mélodie servent de base à l'harmonie des divers modes.

Tâchons maintenant d'apprendre à reconnaître les dominantes des huit modes comme nous connaissons leur finale ; car, si celles-ci sont communes à l'authentique et au plagal, il n'en est pas de même de celles-là.

On peut établir pour règle que, dans les modes authentiques, la dominante se trouve au cinquième degré de l'échelle, et,

---

engendrant chacun un *second mode inverse* ; par la même raison, ces théoriciens n'ont compté que quatre ou six finales, chacune desquelles est commune au mode prin- cipal et à son inverse.

(1) *La Science et la pratique du plain-chant*, Paris, 1673, partie IV, chap. III et IV, p. 146 et 147.

dans les modes plagaux, au sixième degré, à moins que ce cinquième ou ce sixième degré ne soit un *si*, note variante qui n'avait pas de nom dans le plain-chant; de même lorsque l'échelle commence par un *si*, comme dans le quatrième mode ou deuxième plagal, on prend pour dominante la sixte d'*ut*, c'est-à-dire *la*, la note *si*, nous le répétons, ne comptant pas.

Voyez le tableau qui précède pour la place exceptionnelle qu'occupe la dominante dans le troisième mode (second authentique), dans le quatrième mode (second plagal), et dans le huitième mode (quatrième plagal).

Nous allons maintenant rechercher :

1° Pourquoi on a compté jusqu'à douze et quatorze modes ;

2° Pourquoi l'Église s'est bornée au nombre de huit ;

3° Ce que l'on doit entendre par *réduction des modes ;*

4° Ce que l'on doit entendre par *transposition des modes.*

L'échelle diatonique étant composée de sept sons différents, et chaque note pouvant être successivement prise pour point de départ, on peut établir sept échelles distinctes commençant par une des notes suivantes:

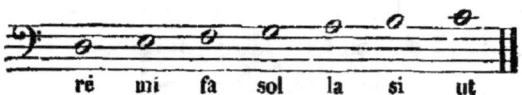

ré   mi   fa   sol   la   si   ut

Chacune de ces échelles engendrant un plagal de la manière que nous l'avons expliqué, leur nombre total est de quatorze. On observera toutefois que, les sept notes de la gamme ne pouvant donner lieu qu'à sept échelles différentes, l'intercalation des modes plagaux doit nécessairement amener de sept en sept le retour des mêmes échelles, mais dans un ordre inverse, de manière à ce que l'échelle qui avait paru à l'authentique reparaît au plagal, et que celle qui avait paru au plagal reparaît à l'authentique; ce qui n'en forme pas moins des modes distincts à cause du déplacement des finales et des dominantes, lesquelles donnent au mode sa physionomie caractéristique.

(Voir le tableau ci-après).

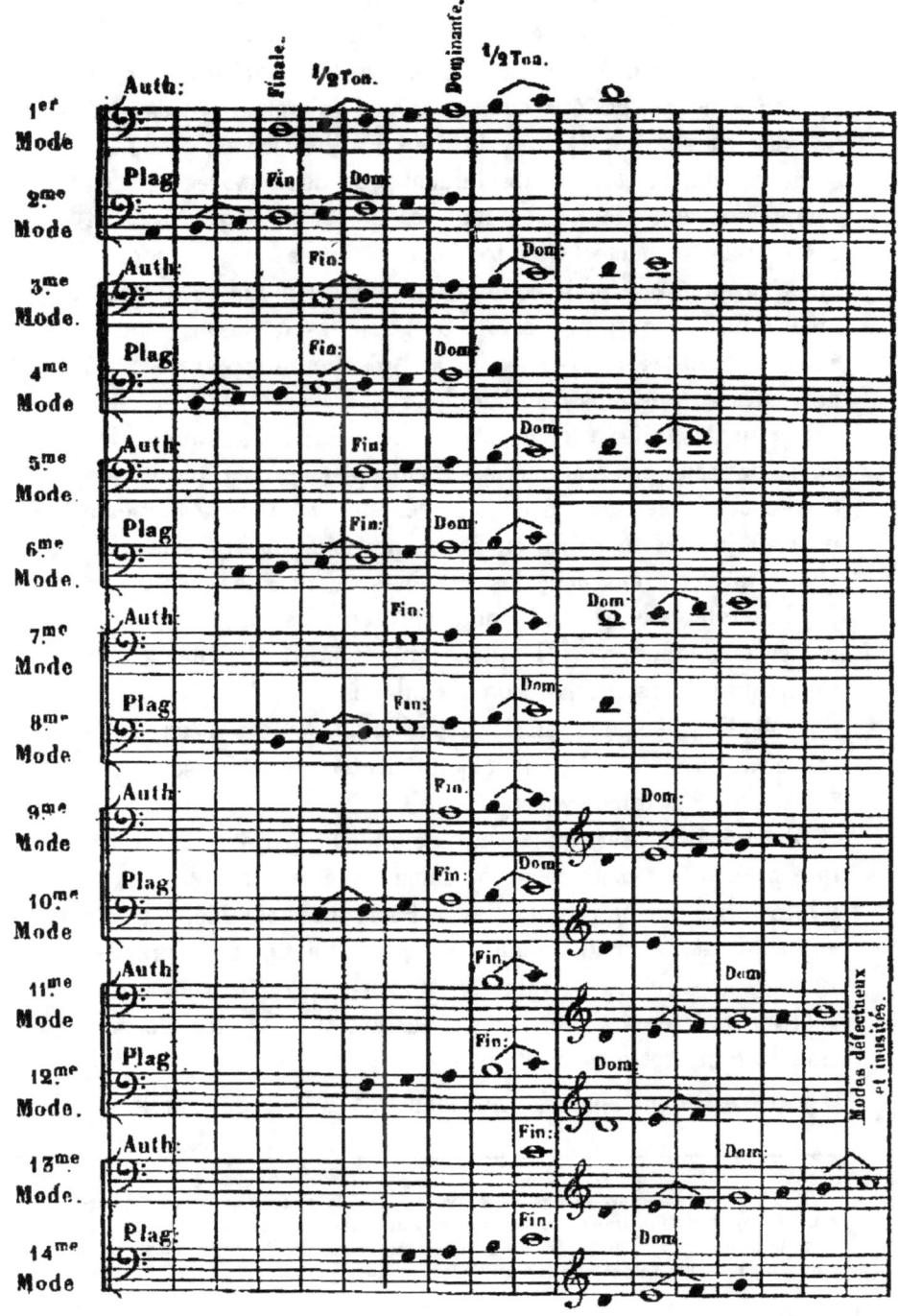

De ces quatorze modes, les onzième et douzième étaient considérés comme défectueux à cause de la quinte mineure, et comme ne devant pas être employés, bien qu'on leur eût assigné un rang numérique. Ce qui fit que des théoriciens, d'une logique exacte, rejetèrent absolument ces deux modes et n'en comptèrent que douze, donnant les numéros d'ordre *onze* et *douze* aux treizième et quatorzième. Saint Ambroise, comme nous l'avons vu, s'était contenté des quatre premiers des sept modes authentiques ; et saint Grégoire, avec raison, rétablit dans le chant les quatre plagaux qui résultent du renversement de ces quatre premiers authentiques.

Les modes, ainsi que nous en avons fait l'observation plus haut, ne sont pas caractérisés seulement par la place que tiennent les demi-tons dans leur échelle, car alors le huitième n'aurait jamais eu sa raison d'être, non plus que tous les suivants, qui rentrent dans les premiers quant à la constitution de l'échelle. Ce qui fait, nous le répétons, la diversité des modes entre eux, c'est la place qu'y tiennent la finale et la dominante ; c'est l'espèce de modulation (1), c'est la variété de mélodie qui, pour ainsi parler, jaillit de ces deux notes modales, sur lesquelles le chant fait tour à tour ses repos avant de se terminer sur la finale.

On conçoit dès lors que le huitième mode, par exemple, quoique présentant exactement la même succession de notes et d'intervalles que le premier, en est fort dissemblable, puisque sa finale est *sol*, sa dominante *ut*, et que la finale du premier mode est *ré* et sa dominante *la*, ainsi qu'on le voit sur le tableau précédent que l'élève ne doit pas perdre de vue durant toute cette explication.

Ce n'est donc pas le huitième mode qui ressemble au

---

(1) Il est inutile de faire observer que, par le mot de *modulation*, nous n'entendons pas parler de la transition d'un ton dans un autre, ce qui n'aurait aucun sens dans le plain-chant, mais bien du mouvement de la mélodie dans l'étendue ou l'ambitus d'un mode dont elle fait sentir les notes essentielles.

premier, mais bien plutôt le neuvième. En effet, quoique le premier commence par *ré* et le neuvième par *la*, dans les deux modes la première note de l'échelle est la finale; dans les deux modes également, c'est la cinquième note qui est la dominante; le premier tétracorde (1) de l'un est la répétition du premier tétracorde de l'autre à une quinte plus haut, et il y aurait analogie complète entre les deux échelles si le demi-ton du second tétracorde se trouvait placé, comme, dans le premier mode, du sixième au septième degré ; mais, dans le neuvième mode, il est situé du cinquième au sixième. Remarquons toutefois que, pour éviter la relation de triton dans le premier mode, on est fréquemment obligé d'altérer le *si* par le bémol, et, dans ce cas-là, les échelles devenant parfaitement identiques, on a été amené à désigner les pièces du neuvième mode comme étant du premier mode à la quinte ou bien *in A* (2), c'est-à-dire un premier mode ayant *la* pour finale au lieu de *ré ;* en d'autres termes, on a opéré la *réduction* du neuvième mode au premier :

---

(1) On entend par tétracorde une série de quatre cordes se suivant par degrés conjoints, et dont les deux extrêmes forment un intervalle de quarte. Deux tétracordes consécutifs peuvent être *conjoints* ou *disjoints*.

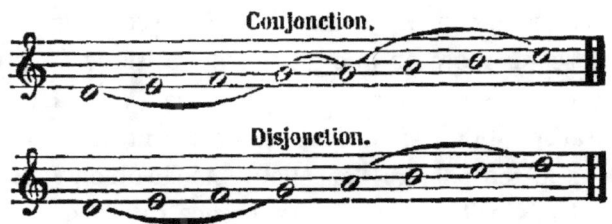

(2) Cette expression *in A* signifie dans le ton de *la* ; c'est en effet la lettre A, qui correspond au ton *la* dans l'alphabet des lettres dites *grégoriennes*, que nous croyons utile de donner ici :

     { *La, si, ut, ré, mi, fa, sol, la.*
     { A, B, C, D, E, F, G, a.

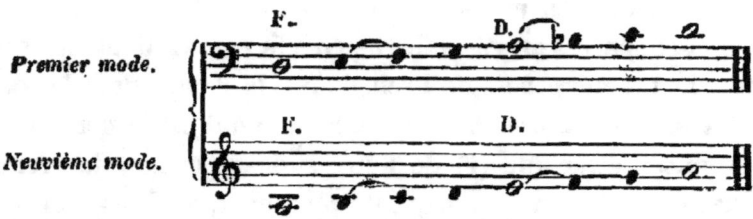

Premier mode.

Neuvième mode.

Ce n'est pas seulement dans le premier mode qu'intervient fréquemment le *si* bémol; c'est aussi dans le second, le cinquième et le sixième. En comparant de la même manière ces trois derniers modes aux dixième, treizième et quatorzième, on verra qu'avec le *si* bémol il n'existe aucune différence entre ceux qu'on assimile ainsi, si ce n'est par le point de départ, et qu'on est en droit d'appeler le dixième, second *in A*, le treizième, cinquième *in C*, et le quatorzième, sixième *in C*. Voilà pourquoi l'Église a bien fait de simplifier le plain-chant en supprimant les quatre derniers modes, bien que nous ne devions pas perdre de vue que, pour que la ressemblance fût parfaite, il faudrait que, dans les premier, second, cinquième et sixième modes, le *si* fût toujours bémol, tandis qu'il ne doit l'être qu'accidentellement.

Nous avons expliqué, aussi clairement et aussi brièvement qu'il nous a été possible, la théorie de la *réduction des modes*, qui n'a aucun rapport avec ce qu'on appelle la *transposition des modes*.

On transpose des pièces appartenant à divers modes comme on transpose un morceau quelconque de musique au grave ou à l'aigu pour se conformer au diapason des voix. L'essentiel, pour la transposition des modes, est de maintenir rigoureusement, dans le ton adopté, l'échelle du mode qu'on veut transposer. La transposition est la permanence du *mode*, quel que soit le *ton* ou point de départ. En un mot, la *réduction des modes* se fait toujours à la quinte inférieure, et la *transposition des modes* se fait au degré où l'on veut. Nous donnerons plus loin un moyen facile d'opérer toutes sortes de transpositions.

II. — *Tonalité et modalité.*

Dans ce qui précède, nous avons montré que les huit échelles des modes ecclésiastiques ont pour fondement l'ordre diatonique, à l'exclusion de tous autres demi-tons que les deux demi-tons naturels *mi fa* et *si ut*, lesquels sont invariables dans chaque échelle, quel que soit le point de départ de celle-ci ; et à l'exclusion de tout intervalle chromatique, sauf le cas purement exceptionnel où le rapprochement et la rencontre des deux notes *fa* et *si,* dans la mélodie, rendent nécessaire l'*amollissement* du *si* par le bémol, afin d'éviter l'intervalle de tout temps proscrit, le *triton,* auquel on a donné le nom de *diabolus in musica.*

La *tonalité* est l'ensemble des faits musicaux, tel qu'il résulte pour l'oreille du jeu et de la combinaison des échelles modales, constituées ainsi que nous l'avons dit.

La *modalité* est l'expression caractéristique résultant des éléments particuliers de chaque échelle modale, expression déterminée surtout par l'action de la *finale* et de la *dominante,* et par la place qu'occupent les demi-tons.

III. — *Diverses espèces de modes.*

Dans tous les modes, le chant peut dépasser d'un degré, soit au grave, soit à l'aigu, l'étendue de l'*ambitus.* Renfermé dans ces limites, un chant constitue un mode *complet* ou *parfait.*

On appelle *incomplets* ou *imparfaits* les modes dans lesquels le chant ne remplit pas entièrement les limites de l'*ambitus.*

Enfin on appelle *mixtes* les modes où le chant s'étend tour à tour dans l'échelle de l'authentique et dans celle du plagal qui lui correspond, de manière à ce que la composition de la pièce soit un mélange de l'un et de l'autre.

IV. — *Caractères des divers modes.*

De tout temps, on a attribué aux divers modes certaines énergies particulières propres à exprimer divers ordres de sentiments, et qui ne permettaient pas de les confondre les uns avec les autres. L'Église a consacré ces différents caractères des modes, en employant ceux-ci suivant le sentiment que le chant avait à exprimer, et on les a désignés enfin par certaines épithètes mystiques en rapport avec ces sentiments. Voici quelles sont ces qualifications : *Primus, gravis ; secundus, tristis ; tertius, mysticus ; quartus, harmonicus ; quintus, lœtus ; sextus, devotus ; septimus, angelicus ; octavus, perfectus.* Nous sommes loin de vouloir contester la justesse de ces dénominations ; mais ce que nous croyons pouvoir affirmer, c'est que l'application aux mélodies du plain-chant d'une harmonie fondée sur les lois essentielles de la tonalité des modes ecclésiastiques, en un mot d'une harmonie qui soit le développement naturel de ces mêmes lois, contribue singulièrement à faire ressortir les caractères divers de ces modes.

V. — *Psalmodie.*

La psalmodie est le chant des psaumes. Les psaumes se divisent par versets. Dans les versets, il y a quatre choses à observer : *l'intonation, la teneur, la médiation* et *la terminaison.* Ce qu'on appelle *intonation* n'a lieu que pour le premier verset du psaume ; c'est le membre de phrase mélodique ou l'espèce de modulation par laquelle on commence le premier verset. On entonne les versets suivants sur *la teneur* qui est la note sur laquelle la psalmodie a son cours ; cette note est toujours la dominante, qui est appelée ici *note* ou *corde chorale* ; la *médiation* est l'inflexion ou temps d'arrêt que l'on fait au milieu du verset pour en marquer la séparation ; *la terminaison* est la cadence ou la modulation qui finit le verset du psaume ou du cantique.

La terminaison est *complète* ou *incomplète* : *complète* lorsque le chant aboutit à la note finale ; *incomplète* lorsqu'il s'arrête à une note au-dessus ou au-dessous de cette même finale.

Il y a des formules de psalmodie pour tous les modes ; le nombre en est indéterminé. Et comme ces formules ne remplissent jamais l'étendue de l'échelle ; comme, ainsi qu'on vient de le voir, elles ne finissent pas toujours sur la finale, et qu'en outre, la même sert quelquefois pour deux modes différents, il devient fréquemment impossible de déterminer le mode véritable auquel elles appartiennent, ce qu'il est néanmoins très-important de connaître pour pouvoir les accompagner convenablement. Mais il faut observer que l'antienne qui précède chaque psaume détermine le mode de la psalmodie ; c'est l'antienne qui donne à la psalmodie sa forme modale. Ainsi l'organiste ne devrait jamais se permettre, comme cela a lieu dans plusieurs localités, de jouer un prélude à la place de l'antienne, lorsque surtout le psaume est chanté sans accompagnement, puisque, de cette manière, le mode de la psalmodie reste le plus souvent indécis, et que, suivant la règle, on ne peut séparer le psaume de l'antienne avec laquelle il ne forme qu'un corps (1).

Nous donnerons plusieurs exemples des formules et des terminaisons psalmodiques le plus généralement usitées.

_____

(1) Voy. le *Traité sur le chant ecclésiastique* de l'abbé Lebeuf, p. 242-243.

CHAPITRE I.

L'accompagnement du plain-chant repose sur quelques règles très-simples.

La première et la plus fondamentale est celle-ci :

L'EMPLOI EXCLUSIF, DANS CHAQUE MODE, DES SONS DE L'ÉCHELLE.

Cette règle est malheureusement méconnue de la plupart des organistes, des maîtres de chapelle et même d'un bon nombre de musiciens instruits.

Il est impossible pourtant qu'avec un peu de réflexion on ne se rende pas à l'évidence de ce principe : qu'une mélodie appartenant aux modes ecclésiastiques ne saurait comporter une harmonie reposant sur une division toute différente de l'échelle, c'est-à-dire sur le système de la tonalité moderne. Une harmonie à quatre parties devant être considérée comme le résultat de quatre mélodies qui se font entendre simultanément, il est de toute absurdité que la principale de ces mélodies soit écrite dans une tonalité, tandis que les trois autres appartiendraient à une tonalité différente. Une harmonie, ou, pour parler plus juste, une cacophonie semblable serait non-seulement destructive du plain-chant qu'elle absorberait entièrement, mais aussi destructive de l'harmonie elle-même, puisque cette harmonie, gênée et contrainte par la mélodie à laquelle on l'aurait accouplée, ne pourrait être qu'en dehors

des conditions de la modulation moderne. Cette impossibilité
absolue de fixer des règles pour un système aussi incohérent,
cette nécessité où l'on est de tout abandonner à l'arbitraire,
livrent l'accompagnement du plain-chant au caprice de chaque
organiste, en sorte que sur un point aussi essentiel, il y a
anarchie complète. Voilà où nous a conduits l'erreur trop généra-
ralement répandue aujourd'hui, qu'il peut exister un mélange
de deux tonalités radicalement incompatibles, et, tant que
cette erreur ne sera pas déracinée, il sera impossible de pénétrer dans l'esprit, le sens et les beautés d'un chant défiguré,
et de pouvoir en espérer la régénération (1).

Cette incompatibilité devrait frapper tous les yeux. Il y a,
certes, au moins autant de dissemblance entre le système des
huit modes ecclésiastiques et notre système reposant sur nos
deux modes majeur et mineur, qu'il y a entre ces deux derniers modes. Jugez pourtant de ce que serait, dans notre musique, l'accompagnement en mode majeur d'une mélodie en
mode mineur, et, réciproquement, l'accompagnement en mode
mineur d'une mélodie en mode majeur ? Le tour de force, à la
rigueur, serait possible ; mais il n'en pourrait résulter, quels
que fussent l'art et l'habileté qu'on y eût déployés, qu'une
harmonie tourmentée, faisant violence à la tonalité et rendant
la mélodie méconnaissable.

Cette première règle se rapporte à l'ensemble de la tonalité
du plain-chant ; elle suffit pour conserver au plain-chant son
caractère général. Mais si la théorie de l'accompagnement se
bornait là, elle aurait l'inconvénient de confondre les divers

---

(1) Nous pourrions invoquer sur ce point plusieurs autorités imposantes ; nous
nous bornerons à celle de M. A. de la Fage. qui s'exprime ainsi dans son excel-
lent écrit: *De la reproduction des livres de plain-chant*, p. 140 : « Avant tout, et
» je l'entends de la manière la plus absolue, mon avis, et j'y ai trop réfléchi
» pour en changer désormais, a toujours été que l'essence même du plain-chant
» et celle de l'harmonie, telle que nous la concevons aujourd'hui, sont tout à fait
» contradictoires. »

modes entre eux, et la grande beauté du plain-chant réside dans la variété et la propriété des caractères affectés aux divers modes. En un mot, la première règle a pour objet la *tonalité* ; la seconde, à laquelle nous allons passer, a pour objet la *modalité*, d'où il suit qu'elle n'est pas moins importante que la précédente.

2º L'EMPLOI FRÉQUENT DANS CHAQUE MODE DES ACCORDS DÉTERMINÉS PAR LA FINALE ET LA DOMINANTE.

Nous avons dit, avec D. Jumilhac, que « ce sont proprement » ces deux voix, la *finale* et la *dominante*, qui donnent la forme » aux modes, et qui en font la distinction et la différence. » Ici, comme nous l'avons établi plus haut, les lois de l'harmonie du plain-chant ne sont autre chose que le développement naturel de ses lois mélodiques. Si ces deux notes, la *finale* et la *dominante*, donnent aux modes leur forme, les accords qu'elles déterminent donnent la forme à l'harmonie qui convient à ces divers modes. Par conséquent ce sont ces accords, sur lesquels l'harmonie a principalement son cours et son point d'appui, qu'elle doit *rebattre* de préférence, pour nous servir d'une expression consacrée. Ainsi, dans le premier mode, dont la finale est *ré*, et la dominante *la*, les accords de *ré* et de *la* devront revenir fréquemment, afin que le mode soit caractérisé harmoniquement aussi bien que mélodiquement.

3º L'EMPLOI EXCLUSIF DES FORMULES HARMONIQUES QUI CONVIENNENT AUX CADENCES DE CHAQUE MODE.

Car chaque mode a des formes de modulation et de terminaison, autrement appelées *cadences*, qui lui sont propres et qui dérivent de la constitution de son échelle. Une des causes entre autres qui ont le plus contribué à l'altération de la tonalité ecclésiastique, est l'habitude expéditive que les organistes ont contractée d'appliquer les formules harmoniques de la théorie moderne à l'accompagnement des cadences du plain-chant.

4º TOUT ACCORD, AUTRE QUE L'ACCORD PARFAIT ET SON PREMIER

DÉRIVÉ, DEVRA ÊTRE EXCLU DE L'ACCOMPAGNEMENT DU PLAIN-CHANT.

On comprend que l'accord de *septième de dominante,* qui appartient exclusivement à l'harmonie moderne, et dont l'introduction dans l'art a signalé la naissance de la musique dramatique et de l'expression passionnée, doit être rigoureusement proscrit, ainsi que ses dérivés.

5° LES LOIS QUI RÉGISSENT LA MÉLODIE DU PLAIN-CHANT DOIVENT ÊTRE OBSERVÉES DANS CHACUNE DES PARTIES DONT SE COMPOSE SON ACCOMPAGNEMENT.

Cette règle est implicitement contenue dans la Règle 1. Néanmoins nous avons dû la formuler à part, pour établir ce point-ci, savoir : que l'obligation d'altérer le *si* par le bémol dans la mélodie toutes les fois que ce *si* donne lieu à une relation de triton, s'étend aussi bien à chacune des parties de l'accompagnement ; d'où il suit que le *si bémol* pourra se présenter dans l'harmonie alors même qu'il n'y aurait pas de *si* dans le membre de phrase mélodique.

6° LE PLAIN-CHANT, ÉTANT ESSENTIELLEMENT UNE MÉLODIE, DOIT TOUJOURS ÊTRE PLACÉ A LA PARTIE SUPÉRIEURE, *que ce plain-chant soit chanté à plusieurs parties, ou qu'il soit simplement chanté à l'unisson et accompagné par l'orgue.*

Dans ce dernier cas, il sera quelquefois nécessaire de le transposer, afin de rendre sa mélodie accessible à toutes les voix.

Assez généralement, on avait, en France, l'habitude d'accompagner le plain-chant en mettant le chant à la basse, et en y joignant avec la main droite des harmonies composées d'une multitude de petits retards ou dissonances auxquels on donnait le nom pompeux de *contre-point.* Ce système, en partie abandonné aujourd'hui, est inadmissible, par la raison qu'un plain-chant, étant une mélodie, ne saurait former qu'une mauvaise basse, sur laquelle on pourrait défier l'artiste le plus habile d'improviser un contre-point tant soit peu digne de ce nom.

L'usage du plain-chant à la basse est dû à la prédilection

qu'on a eue de tout temps, dans les églises, pour les voix de basse très-graves (*voces taurinæ*). Dans quelques églises, où on a donné la préférence aux voix de ténor, le plain-chant a naturellement été placé à une partie intermédiaire. Ce système, moins mauvais en ce qu'il permet de donner à la mélodie une basse convenable, a cependant l'inconvénient de condamner la partie supérieure à faire entendre une suite monotone de notes de remplissage, tandis que cette partie, appelée à dessiner les contours de la phrase mélodique, est celle qui fixe principalement l'attention de l'oreille.

Il suit de ce qui précède que le plain-chant ne doit être placé qu'à la partie supérieure, soit, nous le répétons, qu'on l'exécute à plusieurs parties, soit qu'on le chante à l'unisson avec accompagnement.

Nous ferons observer que, de ces deux dernières manières, la seconde est préférable pour plusieurs raisons. Rien n'est beau, en effet, comme l'unisson soutenu par un grand nombre de voix de toute nature, auxquelles la toute-puissance de l'orgue vient joindre des harmonies grandioses ; c'est en même temps le mode d'exécution le plus simple, le plus facile, et celui qui a l'avantage de conserver le mieux au plain-chant son caractère mélodique, puisque la mélodie s'y détache vigoureusement de l'ensemble.

C'est enfin le mode d'exécution le plus en rapport avec le but de l'Église, qui est que tout le monde chante : *plebs psallit, et infans*.

Ces règles, d'une application toujours facile, sont les seules qui puissent conserver au plain-chant son caractère général et faire ressortir la physionomie particulière et la forme essentielle des divers modes. De leur observation dépendent cette unité de couleur et ce caractère uniforme que les mélodies

ecclésiastiques doivent toujours présenter, sans préjudice de la
variété que le goût individuel peut introduire dans l'accompagnement. Par cette unité de couleur et cette uniformité de
caractère nous entendons une correspondance exacte de l'harmonie à la mélodie, de l'accompagnement au chant, qui fait
que le mode dans lequel le chœur chante est bien autrement
perceptible à l'oreille de l'auditeur que si la mélodie se faisait
entendre seule ; car il est évident qu'en observant les règles
exposées ci-dessus, chacune des trois mélodies qui, ajoutées à
la mélodie du plain-chant, forment une harmonie à quatre
parties, contribuera pour sa part à mettre en lumière le mode
auquel cette harmonie appartient.

Nous pouvons affirmer, pour notre compte, que des élèves
étrangers par leur première éducation à l'étude de la tonalité
du plain-chant, sont arrivés en très-peu de temps non-seulement à distinguer sans peine et à première audition les différents modes, mais encore à trouver facilement sur chacun de
ces modes une harmonie à la fois élégante et correcte.

Voilà, ce que, jusqu'à ce jour, n'avaient pu réaliser la plupart des organistes, contraints, par l'absence de toutes règles
positives, de se livrer au hasard de la routine et à l'arbitraire
de leurs fantaisies.

OBSERVATION.

Avant de passer à l'application des règles précédentes aux
huit modes, rappelons que, dans l'accompagnement du plain-
chant, les accords dissonants étant exclus d'après la Règle 4,
les seuls accords à employer sont l'accord parfait et celui de
sixte qui en dérive. Or, l'accord parfait n'étant composé que
de trois sons, chaque note de la mélodie ne peut être accompagné que par trois accords. Par exemple, la note *ut*, qui se
rencontre dans les accords suivants

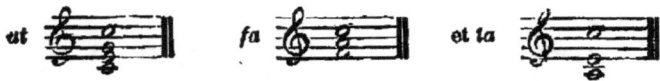

sera accompagnée par l'un de ces trois accords selon le cas. Il en est de même pour les autres notes, excepté les trois suivantes : *si, ré, fa*, qui, toutes les trois, peuvent faire partie de l'accord

inadmissible dans le plain-chant. Pour ces trois notes, l'accompagnateur ne pourra donc disposer que de deux accords parfaits. Toutes les notes de l'échelle pourront être accompagnées avec l'accord de sixte, soit pour éviter un accord parfait qui amènerait une mauvaise basse, soit pour éviter un saut désagréable dans une des parties. Néanmoins l'accord de

sixte *ré, fa, si*, , quoiqu'il dérive de l'accord parfait proscrit, sera employé, particulièrement dans les 7e et 8e modes, où il est presque indispensable, tant il s'associe à leur modalité. Il faut bien se garder de confondre cet accord, à cause du triton qu'il renferme, avec le triton qui caractérise l'accord moderne de septième de dominante, lequel, nous ne saurions trop le redire, est antipathique au plain-chant. Ce qui fait la différence essentielle entre ces deux accords, c'est que, dans l'accord de septième dominante, des deux notes qui forment le triton, l'une, le *fa*, doit toujours descendre, l'autre, le *si*, doit toujours monter, tandis que, dans l'accord de sixte, le *si* et le *fa* peuvent monter et descendre indifféremment, comme on peut le voir par cet exemple du 8e mode :

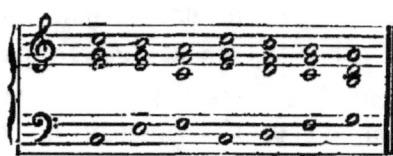

CHAPITRE II.

§ 1. — *Du 1er mode, 1er authentique.*

La finale de ce mode étant *ré* et sa dominante *la* :
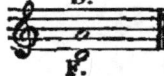 les accords qui doivent revenir le plus fré-
quemment sont les accords parfaits :

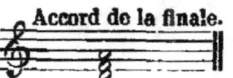
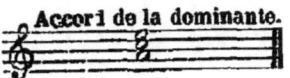

L'élève devra les avoir présents à la pensée et s'en bien
pénétrer mentalement, soit pour accompagner sur le livre une
pièce de ce mode, soit pour en écrire l'accompagnement. Dans
ce dernier cas, il sera toujours bon d'indiquer, ainsi qu'on a
soin de le faire maintenant dans les bonnes éditions des livres
de plain-chant, la *finale* et la *dominante* en tête du morceau.
Cette observation s'applique à tous les modes.

Il sera bien, en général, de commencer par l'accord de la finale.
Rien de plus simple lorsque la pièce commence par la finale
elle-même, et dans la plupart des cas où elle commence par
une des notes qui composent son accord.

Voici des exemples de l'emploi de cet accord pour chacune
de ces trois notes :

Exemple 1. Plain-chant commençant par la finale :

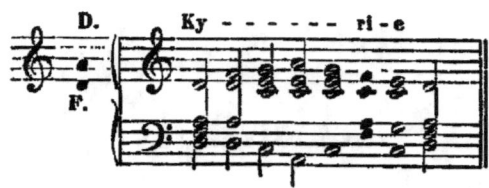

Remarquez en passant que, dans cet exemple, la dominante porte son accord, ce qui fait que dès les premières notes le mode est parfaitement déterminé.

Exemple 2. Commençant par la médiante :

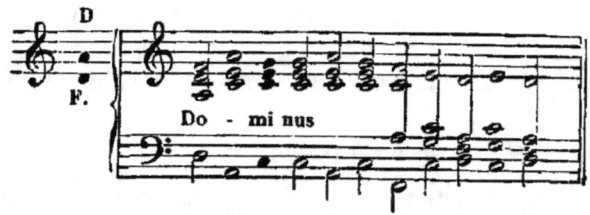

Exemple 3. Commençant par la dominante :

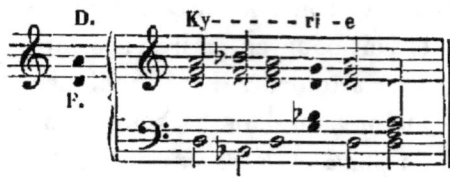

Néanmoins, dans certains cas, on pourra sacrifier l'établissement immédiat de la modalité pour obtenir une harmonie plus variée. Ainsi il n'y aurait pas grand inconvénient à substituer l'accord de *fa* à l'accord de *ré* initial dans le *Kyrie* ci-dessus, comme dans les exemples suivants, à la condition de ne pas trop tarder à faire entendre les accords essentiels du mode.

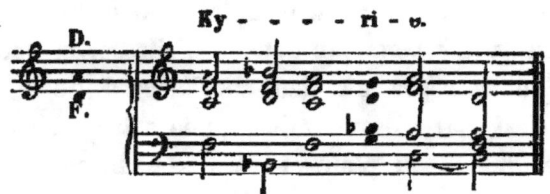

Outre ces trois notes, le chant peut commencer encore par
l'*ut* inférieur, très-rarement par le *mi*, suivant l'observation
d'Odon de Cluny, et par le *sol*. Lorsqu'il commencera par l'*ut*
suivi de la finale, l'harmonie sera conforme à celle que nous
allons indiquer pour les cadences finales. Même observation
pour le *mi* ; quant au *sol*, c'est à l'harmoniste à choisir l'accord le plus conforme à l'allure de la phrase et aux exigences
de la modalité.

§ 2. — *Des cadences du 1er mode.*

Nous n'avons pas à nous occuper ici des cadences purement
mélodiques, c'est-à-dire de celles qui consistent, suivant D. Jumilhac, en « certains sons ou notes propres à diviser chaque
» mode ou pièce de chant en divers membres, et en faire la
» distinction. » *(La Science et la Pratique du plain-chant*, p. 171.)
Pour celles-ci, qui ne font que suspendre momentanément la
période grégorienne, il n'y a pas de formule d'accompagnement déterminée. Le choix des accords dépend du mouvement
de la phrase mélodique et de la succession des accords déjà
entendus. Tout le monde comprend qu'il est impossible de
donner des règles mathématiques de l'accompagnement du plain-
chant, et que ce serait folie de prétendre assigner d'avance,
et pour tous les cas, à chaque note l'harmonie qu'elle doit
porter. Ce serait ôter tout essor à l'imagination et toute
latitude au goût. Mais il n'en est pas moins vrai que l'observation de préceptes dérivant des lois mêmes de la tonalité
donnera au plain-chant le caractère uniforme qu'il doit avoir,
quelles que soient d'ailleurs les modifications de détail que
l'instinct individuel pourra suggérer. Pour revenir aux cadences,
à celles qui indiquent la conclusion et le terme de la phrase

grégorienne, le repos étant complet, il doit être exprimé dans l'harmonie aussi bien que dans la mélodie, et voilà pourquoi il faut que ce repos ait lieu sur l'accord de la finale. Or, comme c'est par l'assimilation qu'on a trop souvent faite des cadences finales du plain-chant aux cadences de l'harmonie moderne que la tonalité ecclésiastique a subi les plus graves atteintes, il est très-essentiel de rechercher les formules d'harmonie qui leur conviennent et qui diffèrent entre elles suivant la nature des éléments constitutifs des divers modes.

Les formules des cadences finales qu'on rencontre le plus souvent dans le premier mode sont les suivantes :

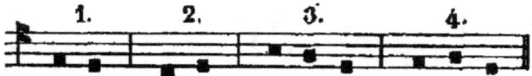

Il est à remarquer, pour ce qui est de la cadence indiquée au n° 1, que les organistes, obéissant pour ainsi dire à des habitudes manuelles, contractées dans la pratique usuelle de la musique moderne, et entraînés involontairement par le sentiment de la tonalité qui lui est propre, ont donné aux deux notes qui composent cette cadence la basse suivante :

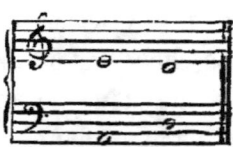

Ce qui, en restant fidèle à la tonalité grégorienne, donnerait les deux accords suivants :

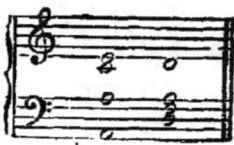

C'est-à-dire deux accords mineurs que nous repoussons pour plusieurs raisons, dont voici les deux principales :

En premier lieu, parce que, partant toujours du principe qui veut que dans toute tonalité une bonne harmonie soit le résultat de quatre mélodies soumises aux mêmes lois et marchant simultanément, il est évident que la meilleure basse sera une de celles que fourniront les cadences habituelles de ce premier mode. Or

nous croyons pouvoir avancer que l'intervalle *la, ré*

n'est jamais employé comme cadence finale dans le premier mode.

Nous repoussons en second lieu ces deux accords mineurs à cause de l'analogie presque complète qu'ils présentent avec la cadence parfaite de notre mode mineur; analogie qui nous les rend insupportables par la privation de la note sensible pour laquelle l'oreille moderne éprouve une si vive attraction, mais qui est en dehors de l'échelle et par conséquent de la tonalité du plain-chant. Aussi n'est-il pas sans intérêt de remarquer que les plus anciens harmonistes dont l'histoire ait enregistré les noms, si rapprochés qu'ils fussent du temps de la domination de la tonalité ecclésiastique, n'ont pas hésité à altérer l'*ut* par le dièze, c'est-à-dire à altérer, sans s'en rendre compte probablement, la tonalité sur les modes de laquelle leur génie s'exerçait. Ce qui, pour le dire ici, prouve que dès cette époque, qu'on peut approximativement fixer vers le milieu ou vers la fin du xive siècle, cette tonalité ecclésiastique avait reçu des atteintes non moins réelles, non moins profondes que celles qu'elle reçut plus tard des innovations attribuées à Monteverde et à d'autres compositeurs du xvie siècle (1).

Avant de donner l'harmonie qui convient à cette cadence, disons que l'altération qui s'y est glissée dès lors a entraîné, par la force de la logique, car l'oreille a la sienne, une altération bien plus grave, puisqu'elle porte sur une note du chant même,

---

(1) Lisez attentivement, dans le nº de mars 1845 de la *Revue de musique religieuse*, le deuxième article de M. Fétis sur *le demi-ton dans le plain-chant*.

celle de la première note de la cadence n° 2, savoir *ut*, dont on a fait ainsi une véritable note sensible de notre mode mineur.

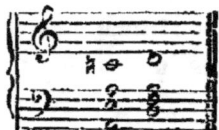

Disons donc que la seule manière d'accompagner la première cadence est celle-ci, cette basse *ut ré* étant d'ailleurs une des cadences mélodiques du mode :

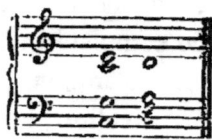

Quant à la seconde cadence, on l'accompagnera par un renversement de la première :

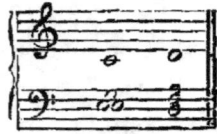 ou bien encore dans certains cas ainsi :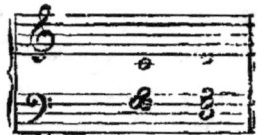

C'est ici le cas d'observer que, de même qu'il y a une logique dans l'erreur, il y a une logique dans la vérité : si donc l'harmonie dont nous accompagnons la première cadence est pleinement justifiée par ce que nous avons dit ; si elle est telle enfin qu'on ne puisse en concevoir d'autre, l'accompagnement de la seconde cadence coule pour ainsi dire de source, puisqu'il n'est que le renversement de celui de la première.

Les troisième et quatrième cadences finales du premier mode ne doivent être considérées que comme des modifications des deux premières, en ce que la conclusion harmonique s'opère sur le *fa*, le *ré* n'existant dans la mélodie que par la loi en vertu de laquelle la terminaison complète a lieu sur la finale. En conséquence, l'harmonie de cette note pénultième *fa* devra faire entendre celle de l'accord de *ré*.

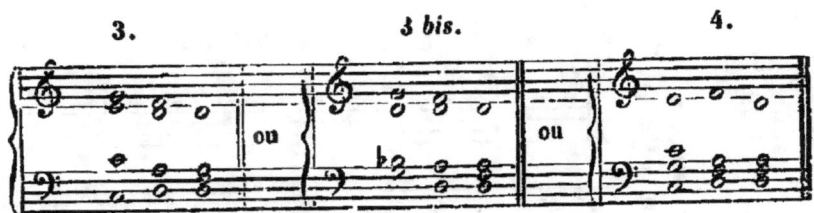

Arrêtons-nous un instant sur l'exemple 3 *bis.* C'est ici le cas d'appliquer l'observation faite dans la 5ᵉ règle générale relativement à l'emploi du *si bémol* dans l'accompagnement du plainchant. Il est évident que cette formule d'accompagnement où l'on voit un *si bémol* à la troisième partie du premier accord ne pourra être admise que dans le cas où un *fa* employé *dans la même partie* justifie la présence de cet accident, comme le montre encore l'exemple qui suit :

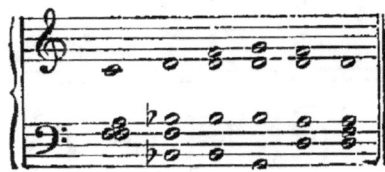

C'est purement et simplement la règle mélodique concernant le triton, appliquée à chacune des parties de l'accompagnement, considérées elles-mêmes comme des mélodies.

Exemple du 1ᵉʳ mode : *(Voir l'exemple ci-après).*

EXEMPLE DU 1er MODE. (Ed: de Digne)

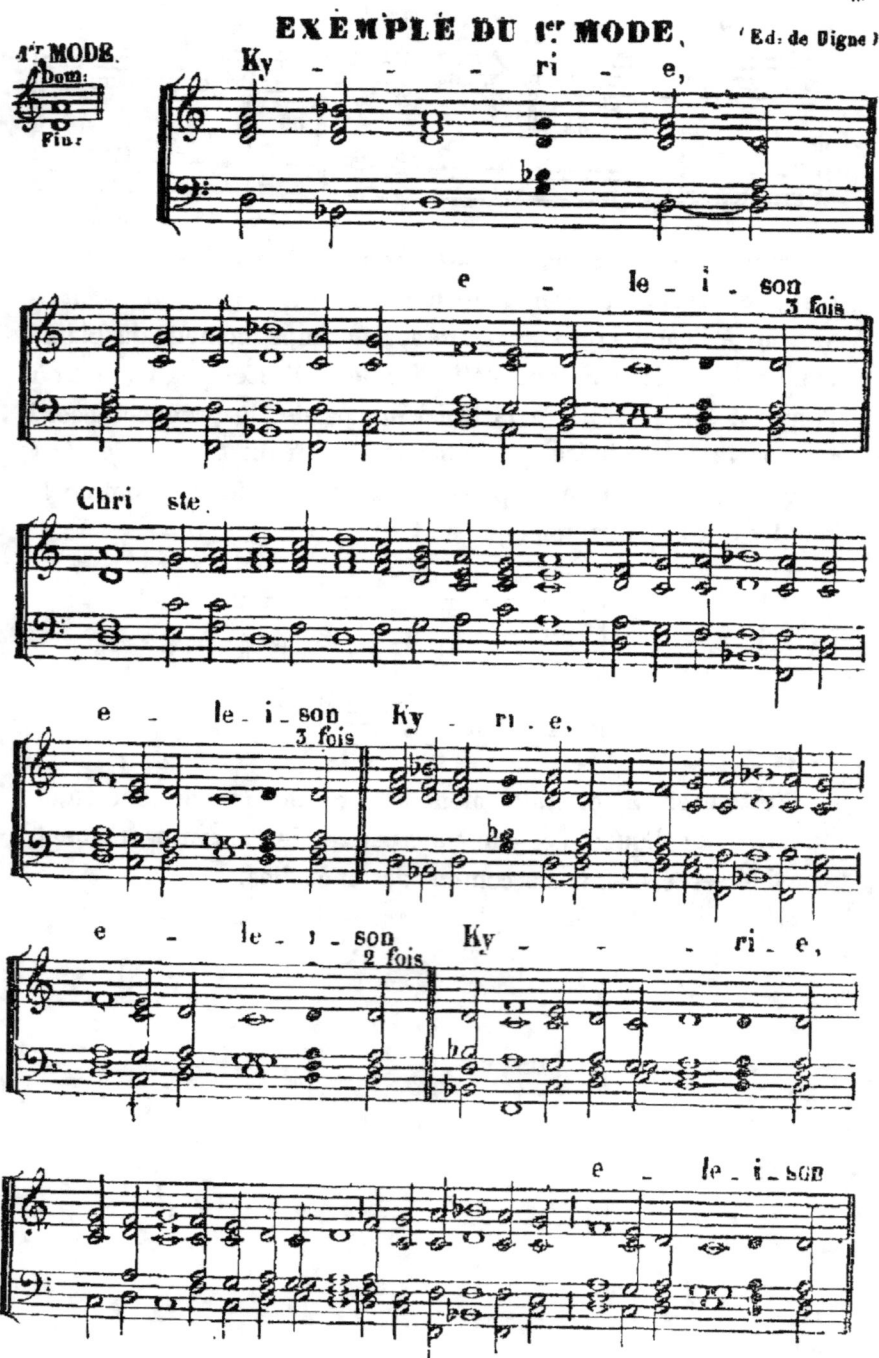

§ 3. — *Du 2e mode, 1er plagal.*

Le deuxième mode, étant le *plagal*, c'est-à-dire le *dérivé* ou
l'*inverse* du premier authentique, a nécessairement de grandes
analogies avec celui-ci, attendu que sa finale est la même. Mais
par le transport au grave du tétracorde supérieur, le *si bémol*
doit se présenter dans ce second mode plus rarement que dans
le premier. En effet, l'échelle ou l'*ambitus* du premier mode
étant de *ré* à *ré*, le *fa* et le *si* en occupent le centre et les rapports de ces deux notes doivent être fréquents ; tandis que,
l'échelle du second mode étant de *la* à *la*, le *si* y est relégué
au grave, et par conséquent moins employé que s'il se rencon-
trait dans la région moyenne. Le bémol n'apparaît donc guère
que dans les pièces qui dépassent la limite de l'échelle et attei-
gnent jusqu'au *si* aigu. De plus, la dominante *la* du premier
mode ne peut être, ainsi que nous l'avons vu, la dominante du
deuxième mode dont elle occuperait le terme extrême à l'aigu.
La dominante du second mode est *fa*. De tout ceci, il résulte
que ce second mode présente un nouveau tour dans la mélodie ; que celle-ci, au lieu de s'élever jusqu'à l'octave aiguë de
la finale, ne s'élève plus qu'à la quinte *la*, mais en revanche
descend à une quarte au-dessous de cette même finale,
laquelle se trouve ainsi placée dans la région intermédiaire.
Ces différences bien établies, le second mode rentre dans le premier par l'identité de la finale, et par suite par l'identité des
cadences finales.

Nous ferons seulement observer que la cadence n° 2

comporte un accord de *fa* sur la première note, et que cet
accord de *fa*, étant ici celui de la dominante, devient caractéristique de ce deuxième mode.

Exemple d'un morceau du second mode [1er plagal]. (*Voir
l'exemple ci-après.*)

EXEMPLE DU 2.ᵐᵉ MODE. (Ed: de Digne.)

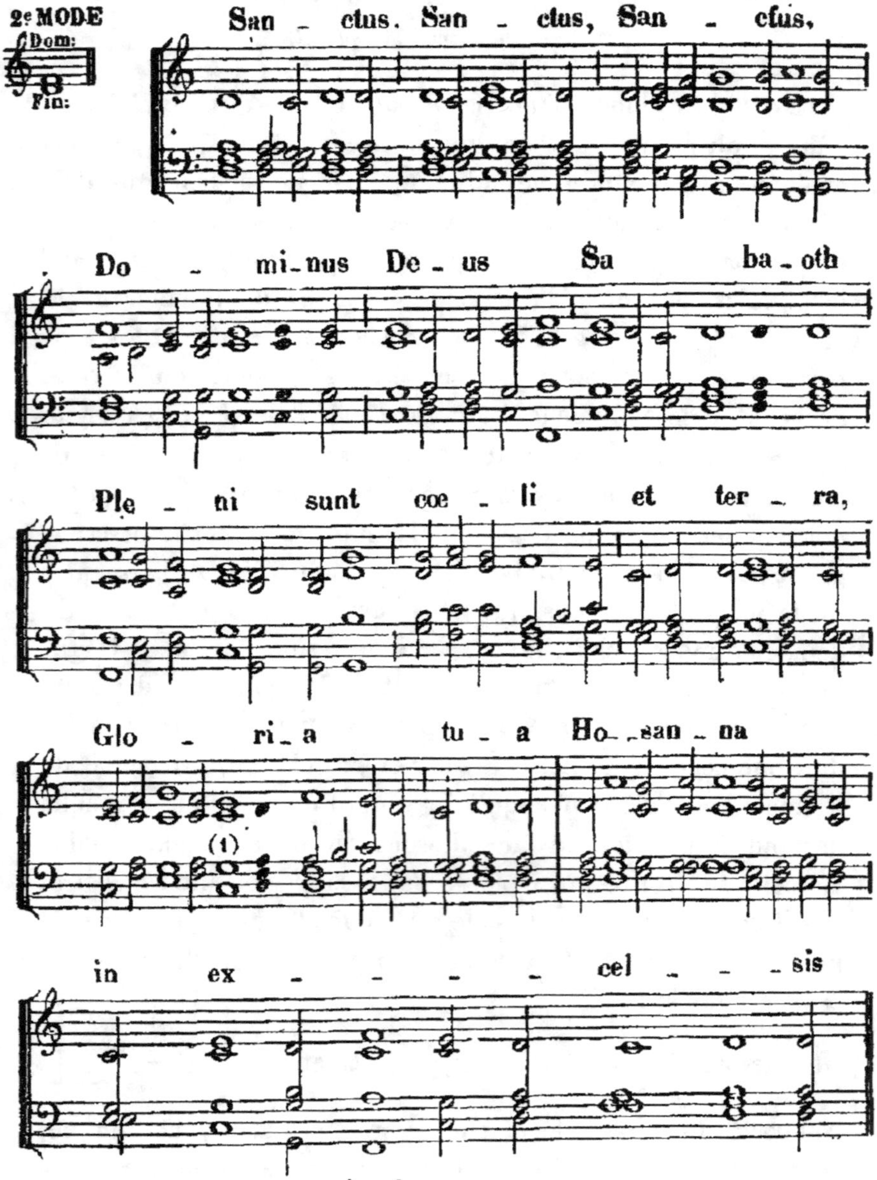

2ᵉ MODE

San _ ctus. San _ ctus, San _ ctus,

Do _ mi_nus De _ us Sa ba_oth

Ple _ ni sunt coe _ li et ter _ ra,

Glo _ ri _ a tu _ a Ho_san _ na

(1)

in ex _ _ _ cel _ _ sis

_ ri _ a

(1)

Autre harmonie 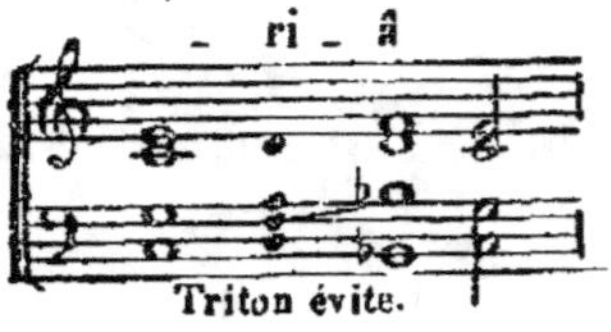   &ᶜ.

Triton évité.

§ 4. — *Du 1ᵉʳ mode mixte auquel donne lieu la réunion du 1ᵉʳ authentique et du 1ᵉʳ plagal.*

Nous allons une fois pour toutes donner la règle générale sur laquelle repose l'accompagnement des modes mixtes. Il tombe sous le sens que cette règle consiste simplement en ceci, savoir : dans l'observation des règles de l'accompagnement du mode *impair*, pour les fragments de la mélodie qui appartiennent à l'authentique, et dans l'observation des règles de l'accompagnement du mode *pair*, pour les fragments de la mélodie qui appartiennent au plagal.

Du reste, les analogies que nous avons déjà remarquées entre les premier et second modes suffisent pour nous convaincre que l'accompagnement de leur mode mixte ne présente aucune difficulté.

Exemple de plain-chant appartenant au 1ᵉʳ mode mixte. (*Voyez l'exemple ci-après.*)

MODE MIXTE.
DIES IRAE.

(1er et 2me)

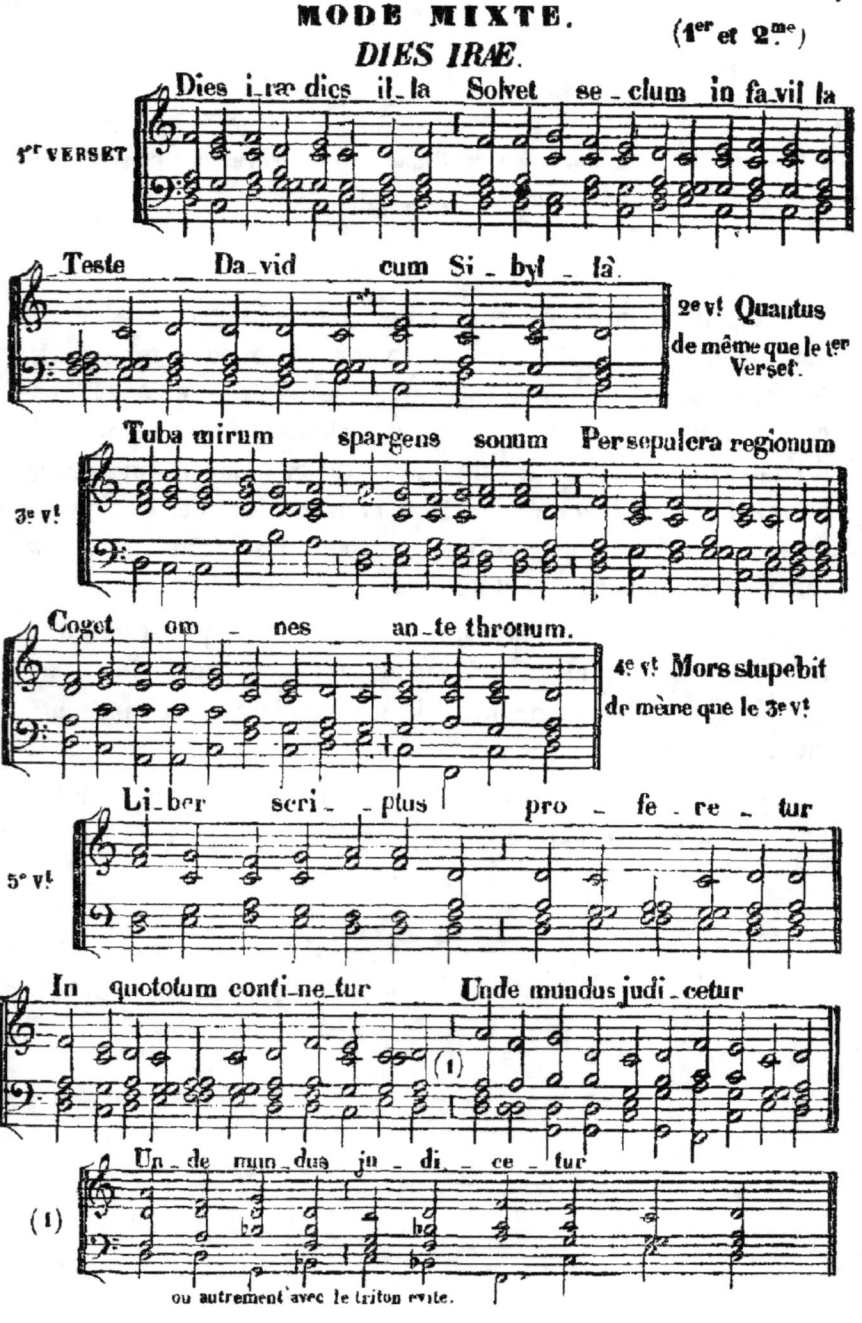

ou autrement avec le triton evité.

On rencontre parfois dans le plain-chant des pièces dont certains fragments se rapportent à un mode tout à fait étranger au mode dans lequel elles sont écrites. Il arrive aussi qu'une phrase du premier mode se termine par une véritable cadence mélodique appartenant au neuvième mode (premier *in A*). C'est là le seul genre de modulation que comporte la tonalité ecclésiastique. On ne passe pas, dans le plain-chant, d'un ton dans un autre, ainsi que dans la musique moderne, mais bien d'un mode dans un autre mode. Lorsque l'un de ces cas se présentera, on tâchera de reconnaître la modalité de tous les membres de phrase pour appliquer à chacun l'harmonie convenable.

Tels sont les modes qu'on a désignés sous les noms de *commixtes, irréguliers*, etc.

Les règles que nous venons de donner s'appliquent à tous les modes mixtes et irréguliers ; nous n'y reviendrons plus dans les chapitres suivants.

CHAPITRE III.

DES 3ᵉ ET 4ᵉ MODES.

§ 1. — *Du 3ᵉ mode, 2ᵉ authentique.*

La finale et la dominante de ce mode étant *mi* et *ut* , les accords que l'harmonie devra *rebattre* sont les accords parfaits que donnent ces deux notes :

Pour bien établir d'abord la modalité, on commencera autant que possible par l'accord de *mi*, et on finira toujours par cet accord. Il est à remarquer qu'aucune pièce de plain-chant de ce mode ne commence par le *si*, qui en est également exclu comme dominante, selon la règle que nous avons fait connaître dans les Notions préliminaires, à savoir que la dominante ne peut jamais se rencontrer sur la *note variante*. L'accord parfait ne pourra donc être placé sur la note initiale qu'autant que cette note sera le *mi* ou le *sol*. Lorsque la note initiale sera le *fa*, si la seconde note est la finale *mi*, on aura au chant une des cadences finales du mode, qu'on accompagnera comme il va être dit ci-dessous. Si le chant commence par le *la*, on choisira l'accord qui conviendra le mieux à l'harmonie générale de la phrase, et enfin, s'il commence par un *ut*, cette note étant la dominante, on emploiera, si la phrase le comporte, l'accord de cette note modale.

§ 2. — *Des cadences du 3e mode.*

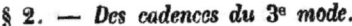

Les cadences de ce mode sont :

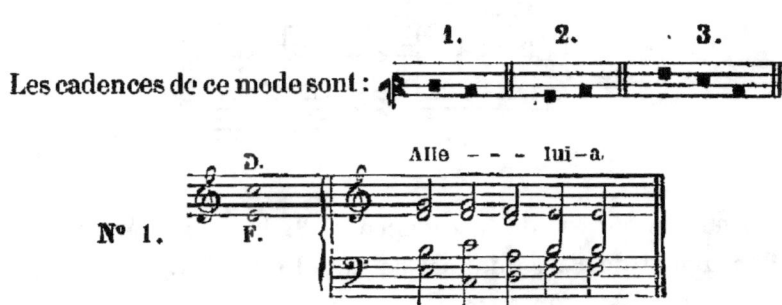

N° 1.

Nous donnons tout de suite la seule harmonie naturelle et possible de cette cadence n° 1. En effet, on ne peut concevoir que le *fa* soit accompagné par son octave *fa*, ni par sa quinte *si*, car la basse *fa mi* ne ferait que reproduire au grave la progression de la mélodie, contrairement à la loi des octaves ; et le *si* doit être banni d'une manière non moins radicale, puisqu'il formerait avec le *fa* l'accord de quinte mineure ou triton.

Nous disons que cette harmonie est la seule *naturelle*, parce qu'elle découle nécessairement des lois et des éléments de la modalité. Il en est de même pour ce qui est de l'harmonie de la cadence n° 2, que nous accompagnerons ainsi qu'il suit :

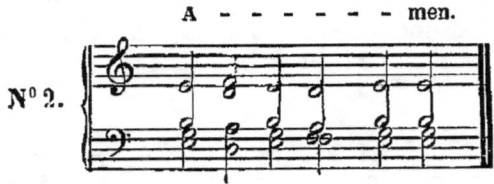

N° 2.

Comme on le voit, cette cadence harmonique est le renversement de la première ; en sorte que la cadence mélodique *fa mi* a pour basse la deuxième cadence mélodique *ré mi*, et *vice versa*. Il en est de même, comme nous l'avons remarqué, pour les deux premières du premier mode : *mi ré, ut ré.*

Voici toutefois une autre manière d'accompagner cette seconde cadence :

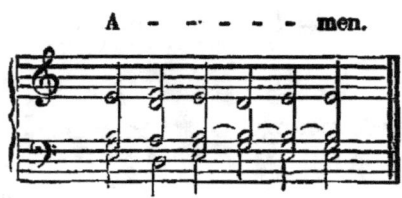

Pour ce qui est de la cadence n° 3, le *sol* faisant partie de l'harmonie de l'accord final de *mi*, il est évident que l'acte de cadence se fait sur cette note *sol*, et que le *mi* qui la suit n'est qu'une prolongation ou le complément de la terminaison. Voici l'harmonie de cette cadence :

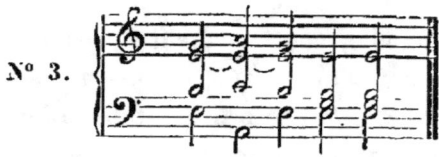

Toutefois, dans certains cas, et pour plus de variété, la cadence pourrait avoir lieu sur les notes *sol* et *mi*, ce qui donnerait alors l'harmonie suivante, qui caractérise d'ailleurs plus particulièrement le mode par la présence de l'accord de dominante.

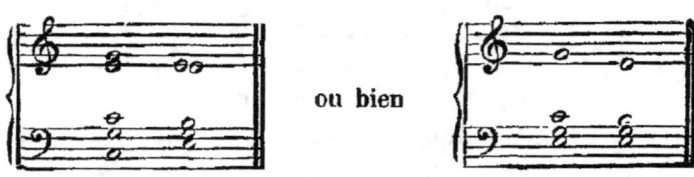

ou bien

(*Voyez l'exemple ci-après.*)

58

Exemple de plain-chant appartenant au 3.ᵉ Mode.

Edition de Digne p.460.

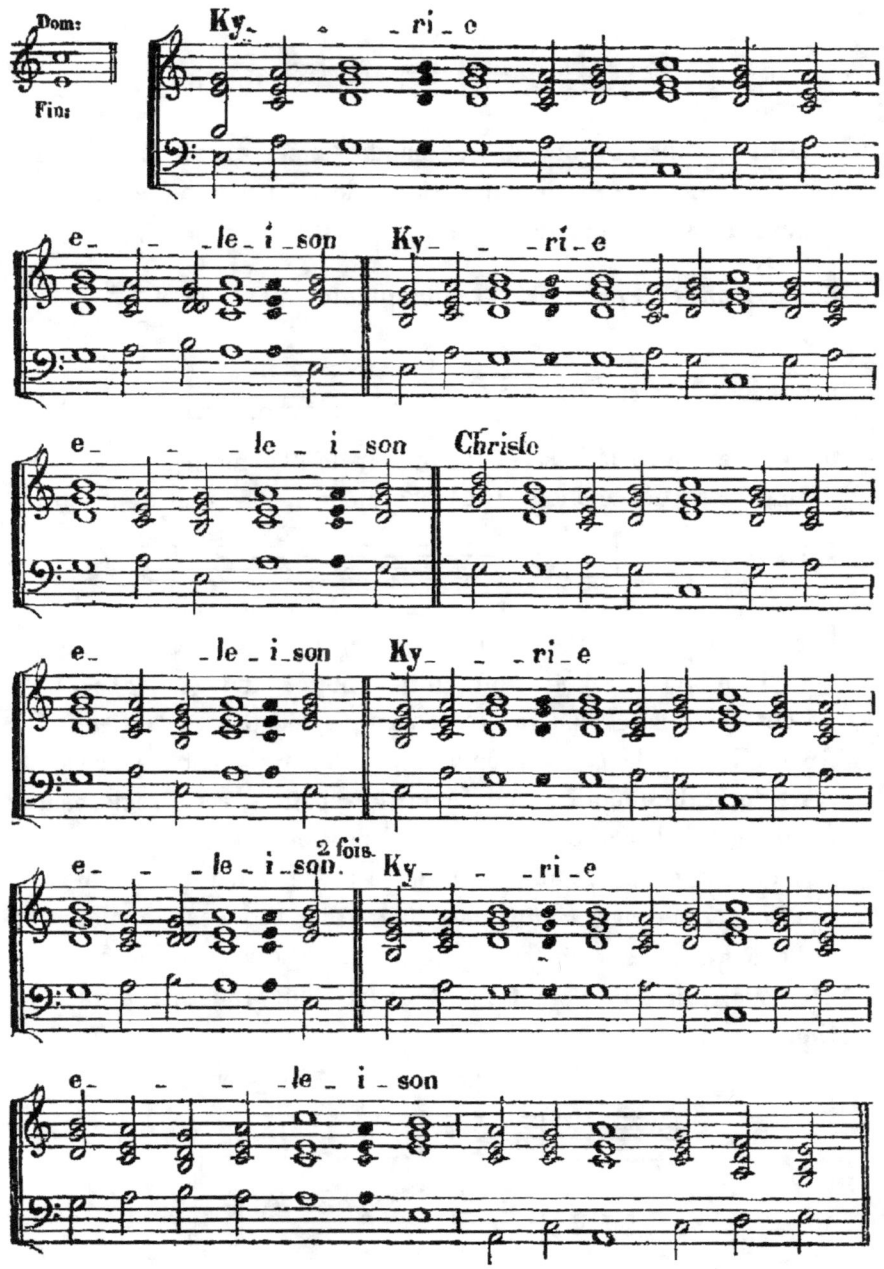

§ 3. — *Du 4e mode, 2e plagal.*

Comme tous les plagaux, ce mode diffère du précédent son authentique par sa dominante et par le transport au grave du tétracorde supérieur de l'échelle. La finale étant *mi*, comme

dans l'authentique, et la dominante étant *la*,

les accords de ces deux notes 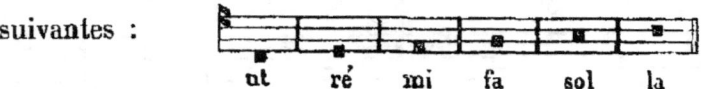 sont ceux

qui doivent être la base et le soutien de l'harmonie.

Une pièce de ce mode peut commencer par une des notes

suivantes :

ut　　ré　　mi　　fa　　sol　　la

Soit par tous les degrés de l'échelle, moins la note variante.

Si le morceau a pour note initiale le *mi* ou le *sol*, chacune de ces deux notes pourra être accompagnée par l'accord de la finale; l'*ut* et le *la*, et même le *mi*, pourront l'être par l'accord de la dominante; mais, nous le répétons, cette règle peut subir, selon les cas, diverses modifications. Le *ré* et le *mi*, formant les cadences naturelles de ce mode, ainsi que du mode précédent, seront accompagnés comme les cadences mêmes.

Voici quelques cadences empruntées à diverses pièces du 4e mode, qui ne diffèrent point des cadences de son authentique.

Pre - ces　sup - - pli - cum

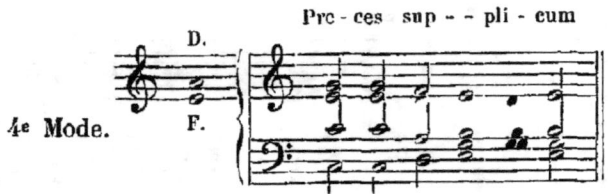

4e Mode.

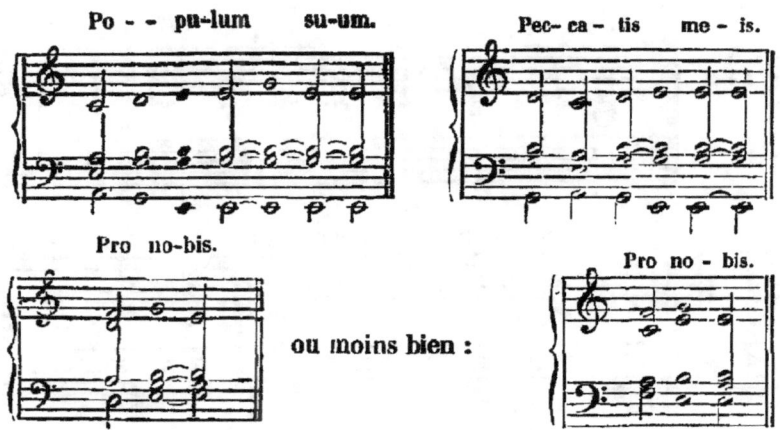

Il est bien entendu que celles de ces cadences dans lesquelles ou près desquelles intervient l'accord d'*ut* caractérisent plus particulièrement le 3e mode, et que celles où intervient l'accord de *la* caractérisent plus particulièrement le 4e.

(*Voir, ci-après, l'exemple du 4e mode.*)

EXEMPLE DU 4ᵐᵉ MODE.

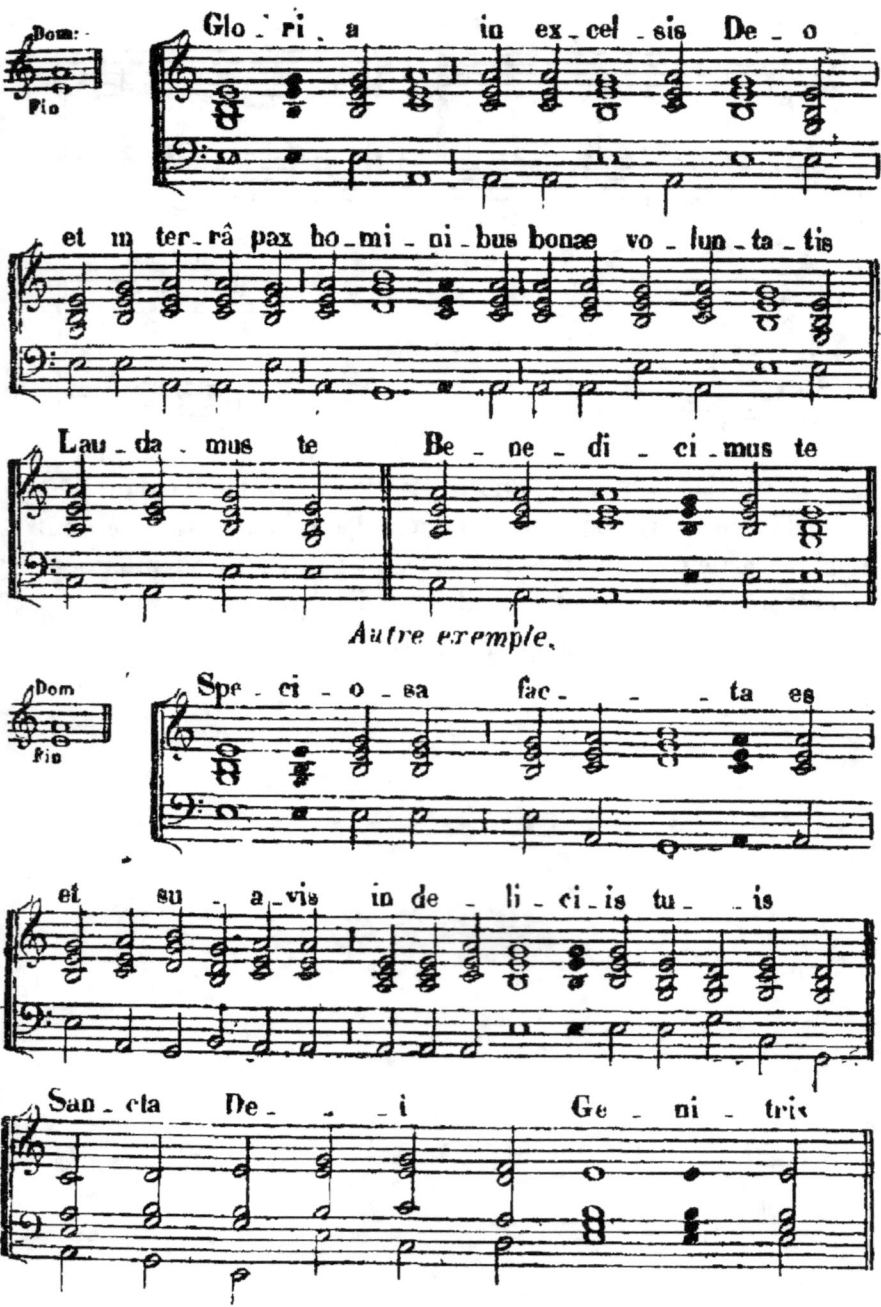

Glo - ri - a in ex - cel - sis De - o

et in ter - râ pax ho - mi - ni - bus bonæ vo - lun - ta - tis

Lau - da - mus te Be - ne - di - ci - mus te

Autre exemple.

Spe - ci - o - sa fac - - - ta es

et su - a - vis in de - li - ci - is tu - is

San - cta De - - i Ge - ni - trix

OBSERVATIONS

Sur les quatre premiers modes.

Avant de passer au cinquième mode et aux suivants, nous croyons devoir entrer dans quelques explications au sujet des harmonies propres aux cadences des quatre premiers modes.

Si l'on y regarde de près, les troisième et quatrième modes, dont nous venons de parler, sont ceux de tous qui s'éloignent le plus de la tonalité moderne. En effet, des deux premières cadences mélodiques des premier et second modes *mi ré, ut ré,* la seconde seule est propre au plain-chant, la première appartient aux deux tonalités et convient à notre mode majeur aussi bien qu'à notre mode mineur. Il n'en est pas de même des deux premières des troisième et quatrième modes : *fa mi, ré mi;* elles appartiennent exclusivement au plain-chant, ce qui veut dire qu'elles sont complétement étrangères à nos deux modes modernes. Une gamme dont la tonique est à un demi-ton du degré qui la suit immédiatement en montant est sans exemple dans notre musique. Pour faire sentir ce que nous disons ici, prenons les trois séries suivantes de trois notes chacune :

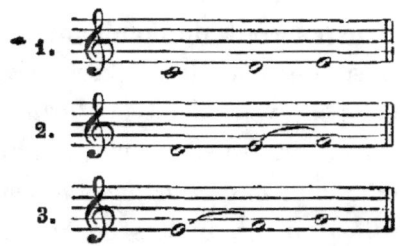

On voit que dans *ut ré mi* il y a un ton entier de la première à la deuxième note, et de la deuxième à la troisième; que dans *ré mi fa* il y a un ton de la première note à la seconde, un demi-ton de la seconde à la troisième; que dans *mi fa sol* enfin, il y a un demi-ton de la première à la seconde note, et un ton de la seconde à la troisième. Or, de ces trois séries, la première est le commencement de l'échelle de notre mode majeur; la seconde commence notre mode mineur; la troisième n'est le commencement d'aucun de nos modes; elle ne convient qu'au plain-chant.

Remarquez maintenant que les organistes et les accompagnateurs, ne pouvant se rendre raison, harmoniquement parlant, de ce demi-ton de *fa* descendant sur le *mi*, dans les cadences finales des troisième et quatrième modes, ont été conduits à considérer ce *mi* comme la dominante du ton de *la* mineur, et l'ont conséquemment accompagné par l'accord de *mi* majeur :

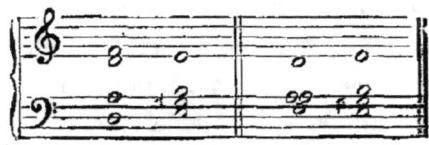 auquel ils arrivaient soit par le *ré*, soit par le *fa*, de ces deux manières :

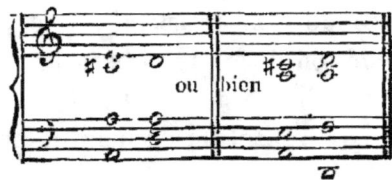

En sorte que les mélodies de ces troisième et quatrième modes devenaient des morceaux quelconques dans notre ton de *la* mineur, se terminant, pour ce qui est du quatrième (deuxième plagal) sur l'accord de dominante. Et cela est si vrai que, dans le tableau des tons de l'Église appropriés aux tons de l'orgue, que l'on peut voir dans le *Dictionnaire* de Jean-Jacques Rousseau, on lit, au troisième ton, ces mots : *la mineur ou sol*, et au quatrième ton : *la mineur finissant sur la dominante.*

Ici les harmonistes ou organistes se montraient conséquents : dominés par la tonalité moderne, ils avaient, dans les premier et second modes, employé l'accord de dominante comme moyen de conclusion.

Dans les troisième et quatrième modes, c'est l'accord de dominante qui devenait conclusion. *(Voir l'avant-dernier exemple.)*

Il est incontestable que ces dernières cadences sont plus douces aux oreilles modernes ; mais il n'est pas moins certain qu'elles détruisent radicalement la tonalité ancienne en effaçant les caractères distinctifs des quatre modes dont nous venons de parler. Il résulte de là une harmonie bâtarde qui n'est ni du plain-chant ni de la musique. Il faut donc se pénétrer de l'obligation étroite de ne s'écarter en rien de la première règle fondamentale, qui prescrit *de n'employer dans chaque mode que les sons de l'échelle.*

Il importe, dans la recherche du véritable système d'accompagnement du plain-chant, de se tenir en garde contre cette sorte *d'amollissement* auquel la tonalité moderne n'a que trop disposé notre oreille. Cette tonalité, par le mélange du chromatique avec le diatonique, a introduit dans la musique l'élément efféminé ; et tous les envahissements de la tonalité moderne dans le chant grégorien n'ont eu pour principe que les répulsions, les révoltes de l'oreille contre la prétendue *dureté* du système ecclésiastique. Cette *dureté* est néanmoins inhérente au genre diatonique sur lequel repose ce chant. Si ce point avait besoin d'être démontré, nous invoquerions l'autorité du P. Martini, qui établit fort bien que le caractère du plain-chant est un caractère grave, ferme et vigoureux *(gravem, robustam et firmam indolem ostentat),* tandis que le genre chromatique, qui n'admet pas des tons entiers ainsi que le diatonique, a été exclu à cause de sa trop grande mollesse et de l'inconvenance de ses mélodies *(ob nimiam mollitiem, infamiæ nota non caruit)* (1).

Il est incontestable que la véritable harmonie du plain-chant doit être autre que celle de la musique, puisqu'elle découle d'une tonalité toute différente, et il en résulte que certaines

_____

(1) Voir *Saggio di contrapunto,* p. 30.

harmonies non-seulement justifiées, mais indispensables dans l'accompagnement du plain-chant, devront d'abord nous choquer et, comme dit très-bien M. de la Fage, paraître *offensantes pour notre oreille,* parce qu'elles se trouveront en contradiction avec le sentiment des règles de l'harmonie moderne. Ce qui ne veut dire nullement que celui qui doit accompagner le plain-chant peut s'abstenir d'être musicien ; au contraire, la connaissance des deux tonalités est absolument nécessaire pour faire la distinction de l'une et de l'autre, saisir leurs caractères et fixer leurs limites.

Par ce qui vient d'être dit, nous avons justifié les harmonies proposées pour les deux premières cadences des troisième et quatrième modes :

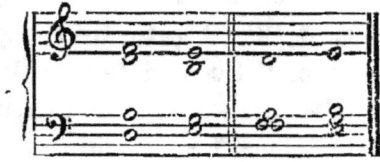

harmonies, nous le répétons, les seules naturelles, ainsi que la troisième, que nous avons donnée plus haut. A les examiner de près, ce qui fait la dureté de ces deux cadences pour notre oreille, c'est que l'accord de *ré* mineur implique, dans la gamme à laquelle il appartient, le *si bémol,* et que l'accord de *mi* mineur implique de la même manière le *fa dièse.* Mais, encore un coup, il faut que le sentiment de nos gammes disparaisse de l'harmonie du plain-chant, comme il disparaît dans la mélodie.

Nous parlons non-seulement pour ceux qui, du milieu de la tonalité moderne, transportés tout à coup dans la tonalité ecclésiastique, sont tentés de ne voir rien que de choquant et de barbare dans celle-ci ; mais encore pour ceux mêmes qui, tout en pensant sincèrement s'en être faits les soutiens, sont néanmoins dominés à leur insu par les tendances de leur oreille façonnée aux délicatesses de l'art moderne. Quelques-

5

uns se récrieront peut-être contre les harmonies des deux premières cadences des troisième et quatrième modes; mais nous espérons que le caractère étrange de ces harmonies ne fera sur leur oreille qu'une impression passagère; bien mieux, nous sommes convaincus que non-seulement ils s'y accoutumeront, mais encore qu'ils finiront par les trouver belles. Qu'y a-t-il en effet ici dans l'harmonie qui ne se trouve déjà en germe dans la mélodie?

Cette logique invincible des faits musicaux, qui nous domine malgré nous, une fois que nous avons ouvert une issue à la tonalité mondaine, nous entraîne d'une manière non moins irrésistible si nous rentrons dans les conditions rigoureuses de la tonalité grégorienne. Ces duretés, avant de vous blesser dans l'harmonie, devraient vous choquer d'abord dans les cadences mélodiques, non-seulement des 1er, 2e, 3e et 4e modes, mais, comme nous le verrons aussi plus tard, dans celles des 7e et 8e, qui s'opèrent de la sous-finale à la finale au moyen de l'intervalle d'un ton et non d'un demi-ton. S'il faut donc que notre oreille fasse déjà un effort pour se familiariser avec ces intervalles d'un ton montant et d'un demi-ton descendant sur la finale dans la mélodie du plain-chant, pourquoi se refuserait-elle à les accepter à la basse ou à l'une des parties intermédiaires?

Concluons en disant que ce que nous avons appelé des *duretés* dans les cadences mélodiques comme dans les harmonies que ces cadences déterminent naturellement et *virtuellement*, ne sont réellement telles que pour les oreilles dont l'éducation grégorienne n'est pas faite. C'est là, au contraire, une source de grandes beautés, et ces harmonies, rudes et âpres au premier abord, portent une empreinte singulière de majesté calme, de simplicité mâle, qui se concilie merveilleusement avec une expression d'une auguste placidité et d'une onction séraphique. Elles planent au-dessus de la région obscure dans laquelle nous vivons. Ce sont les harmonies des âmes, et

non celles des corps. Elles respirent la mort, il est vrai, la
mort de ce qui est terrestre, mais elles racontent les joies
ineffables de la vie qui ne doit point finir. C'est là ce qui
donne au plain-chant ce caractère incommunicable que l'art
mondain s'efforcerait vainement de s'approprier, et qui, complétement effacé dans les tentatives d'accompagnement qu'on
a faites jusqu'à ce jour, reprend son lustre dans l'harmonie dont
nous donnons les règles.

CHAPITRE IV.

DES 5ᵉ ET 6ᵉ MODES.

§ 1. — *Du 5ᵉ mode, 3ᵉ authentique.*

La finale du 5ᵉ mode étant *fa*, et sa dominante *ut* :

ce qui donne lieu aux deux accords suivants :

ce mode ne diffère de la gamme du ton de *fa* de notre mode majeur que par le *si* qui est naturel dans son échelle. Mais, comme le *si* se trouve placé vers le milieu de cette échelle, et qu'il est par conséquent en rapport fréquent avec la finale, il arrive que certaines pièces du 5ᵉ mode semblent avoir été composées dans notre mode majeur. Néanmoins ne perdons pas de vue que cette ressemblance ne repose que sur une altération accidentelle introduite dans le seul but d'éviter le triton.

C'est ici le lieu de nous élever contre la mauvaise habitude qu'on a généralement prise de mettre un *bémol* à la clef dans ce mode. Dans le cas même où tous les *si* d'une pièce se trouveraient en rapport de triton, le *bémol* ne doit être marqué qu'accidentellement.

Cette mauvaise méthode a contribué à introduire des *si bémols* de trop jusque dans les pièces où cet accident ne doit pas figurer du tout.

La finale et la dominante de ce mode se rapportant identiquement à la tonique et à la dominante de notre mode majeur, il s'ensuit que, dans les pièces où tous les *si* sont *bémols*, l'harmonie présentera naturellement les plus grands rapports avec celle d'un accompagnement du système moderne en accords parfaits. On pourra, comme dans les autres modes, y employer au besoin quelques accords de sixte ; mais on devra éviter toutefois le second renversement de l'accord parfait, c'est-à-dire l'accord de quarte et sixte, auquel on pourrait être amené dans ce mode par celles des cadences qui sont mélodiquement identiques aux cadences de notre mode majeur. L'introduction de cet accord dans la musique, étant relativement moderne, donnerait au plain-chant l'allure et la phraséologie de l'art profane ; ce qui ne pourrait avoir lieu qu'au détriment du caractère propre au chant d'Église. Ainsi, lorsque dans le chant on trouvera pour conclusion de la phrase,

on accompagnera ainsi .

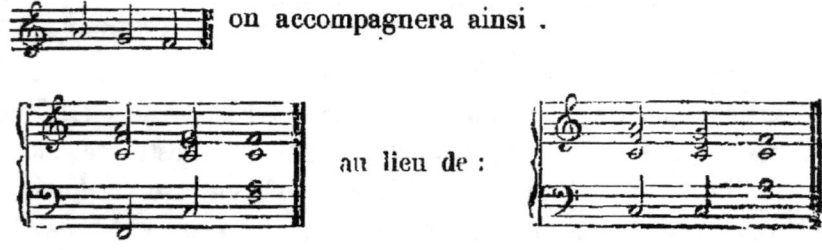

au lieu de :

Il en est de même de celle-ci :

qu'il ne faudra pas accompagner par les accords :

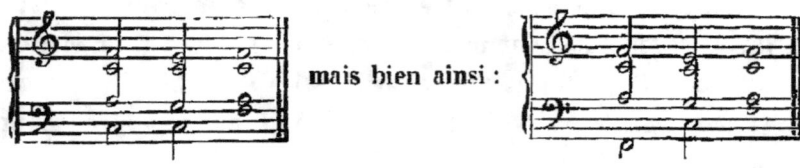

mais bien ainsi :

Mais, s'il arrive que tous les *si* d'une pièce ne soient pas bémols, alors la tonalité reprend ses droits ; en d'autres termes, de l'exception nous revenons à la règle. Les diverses parties de l'accompagnement devront se comporter comme la mélodie elle-même, et le *si bémol* n'y sera introduit, comme dans les autres modes, que pour éviter la relation de triton.

Les pièces de ce mode commencent ordinairement par les notes *fa, la* et *ut*, notes qui toutes appartiennent à l'accord final. On trouvera quelques pièces pourtant commençant par *sol*, qui appartient à l'accord de dominante.

Exemple de cadences finales du 5ᵉ mode.

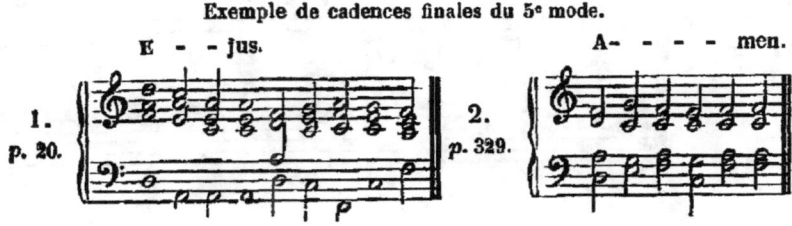

(Voir l'exemple ci-après)

EXEMPLE DU 5ᵉ MODE.
SANCTUS.

(Edition de Nivers.)

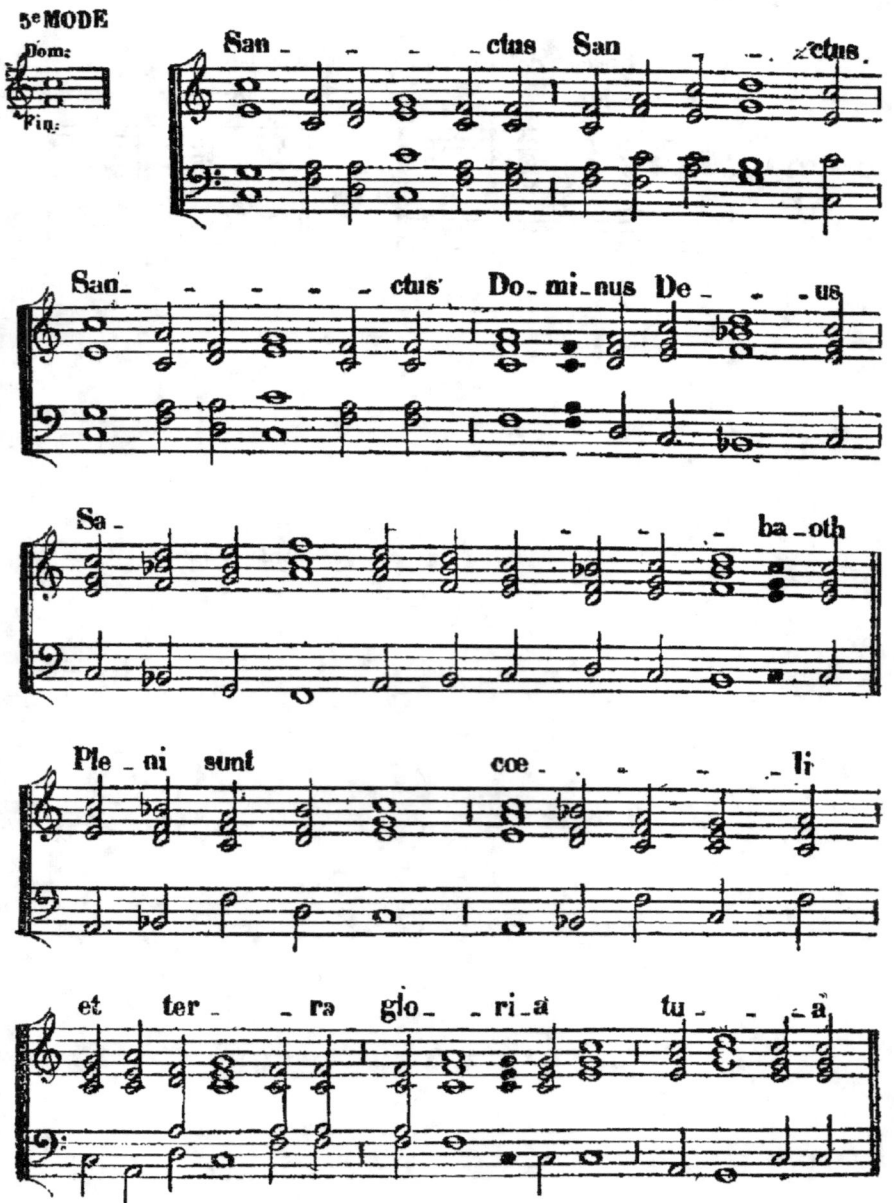

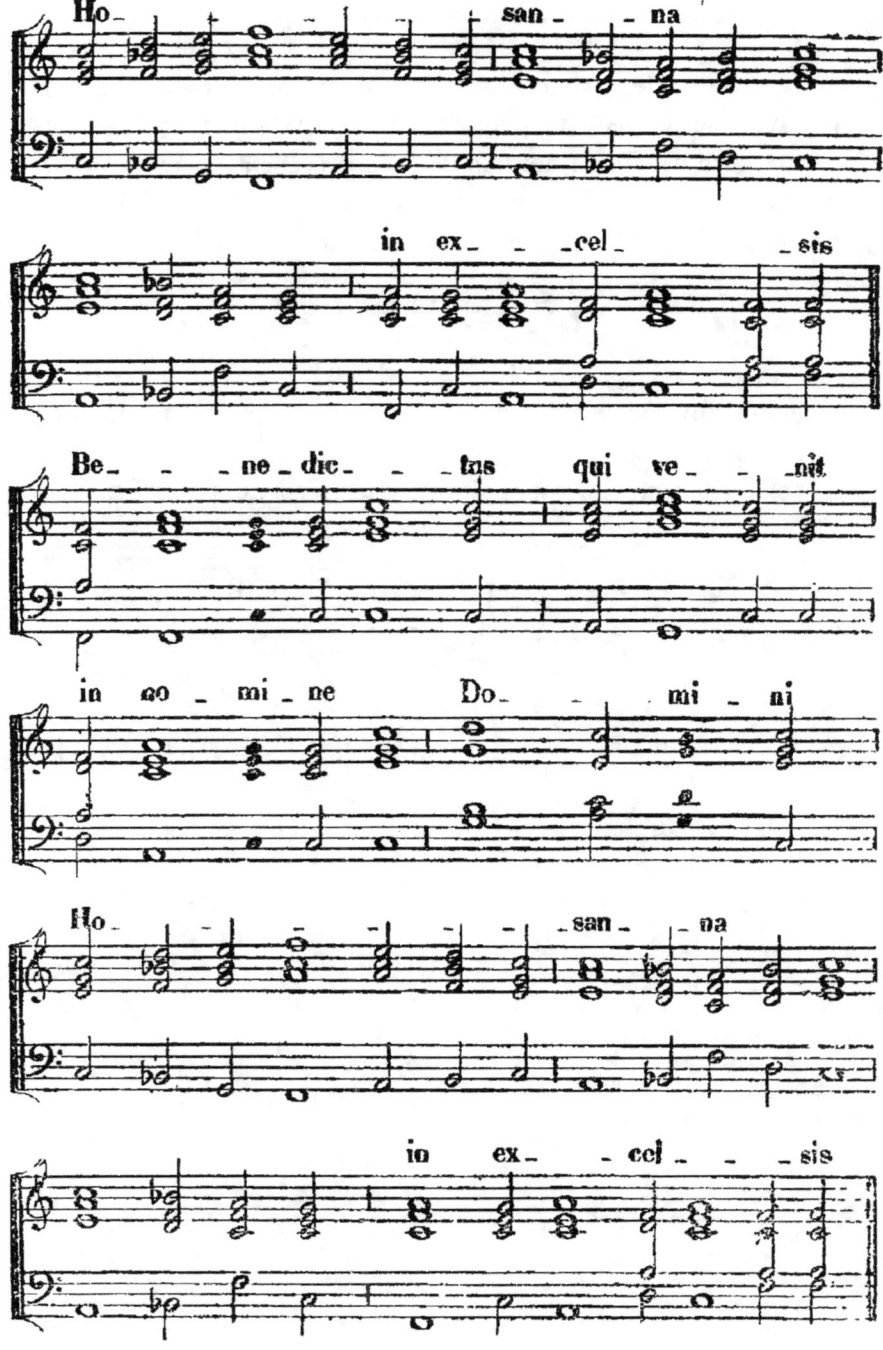

§ 2. — Du 6ᵉ mode, ou 3ᵉ plagal.

Dans ce mode, malgré l'emploi fréquent du *si bémol*, l'analogie avec notre mode majeur devient moins sensible ; effective-
ment, le *fa* est finale comme dans le précédent, mais la dominante est *la*, ce qui donne lieu à l'emploi fréquent de l'accord
qui pour nous est l'accord de *la* mineur.

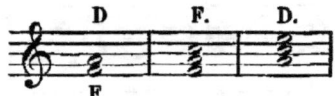

Quant aux cadences, elles sont absolument les mêmes que
celles du 5ᵉ mode.

Voici l'accompagnement de quelques cadences de ce mode :

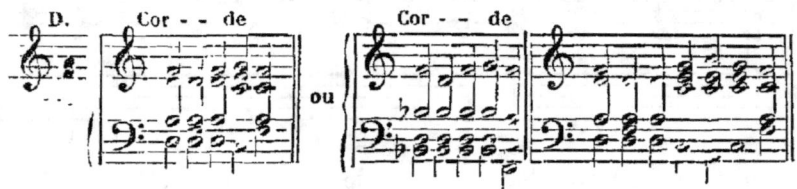

(*Voir, ci-après, l'exemple du 6ᵉ mode.*)

EXEMPLE DU 6me MODE.

AGNUS

Pour les Fêtes du rite double.

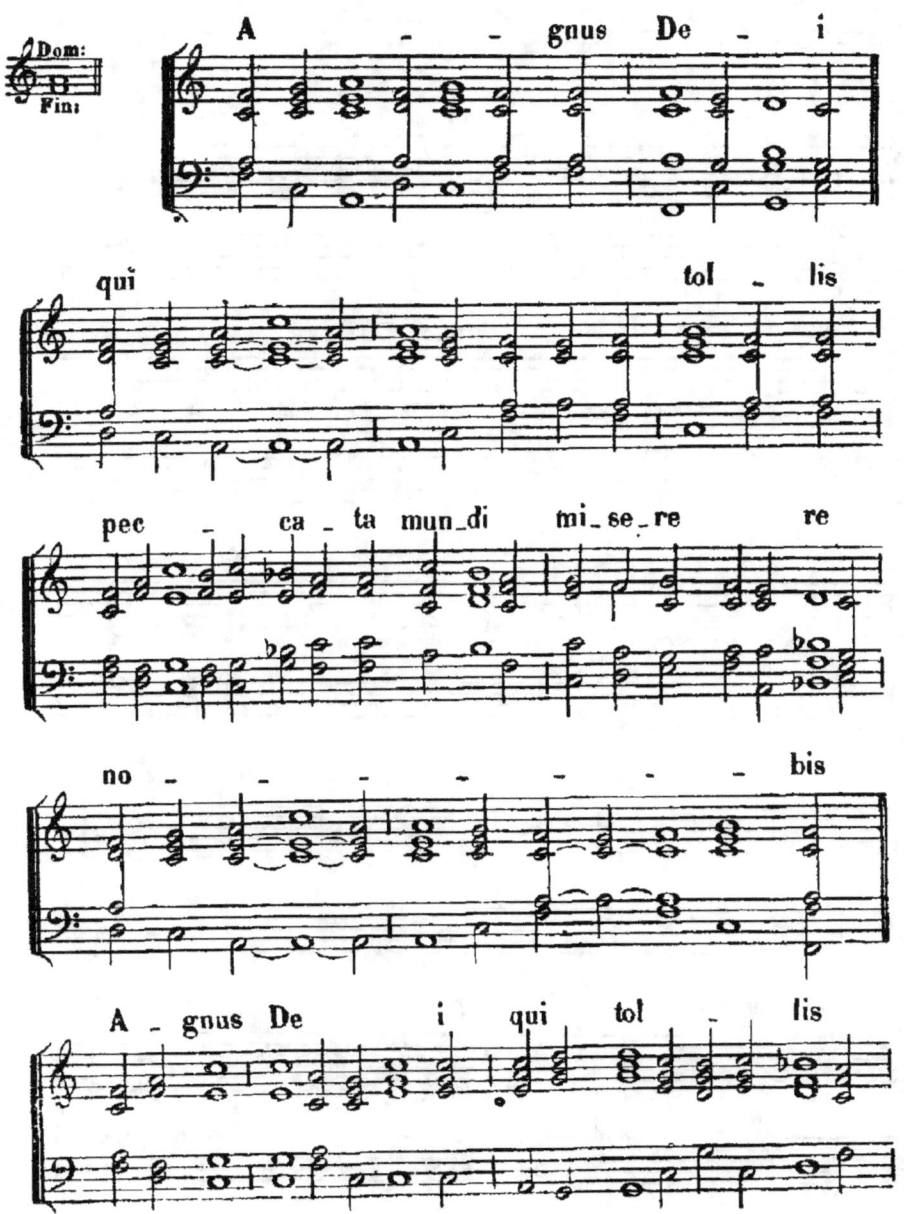

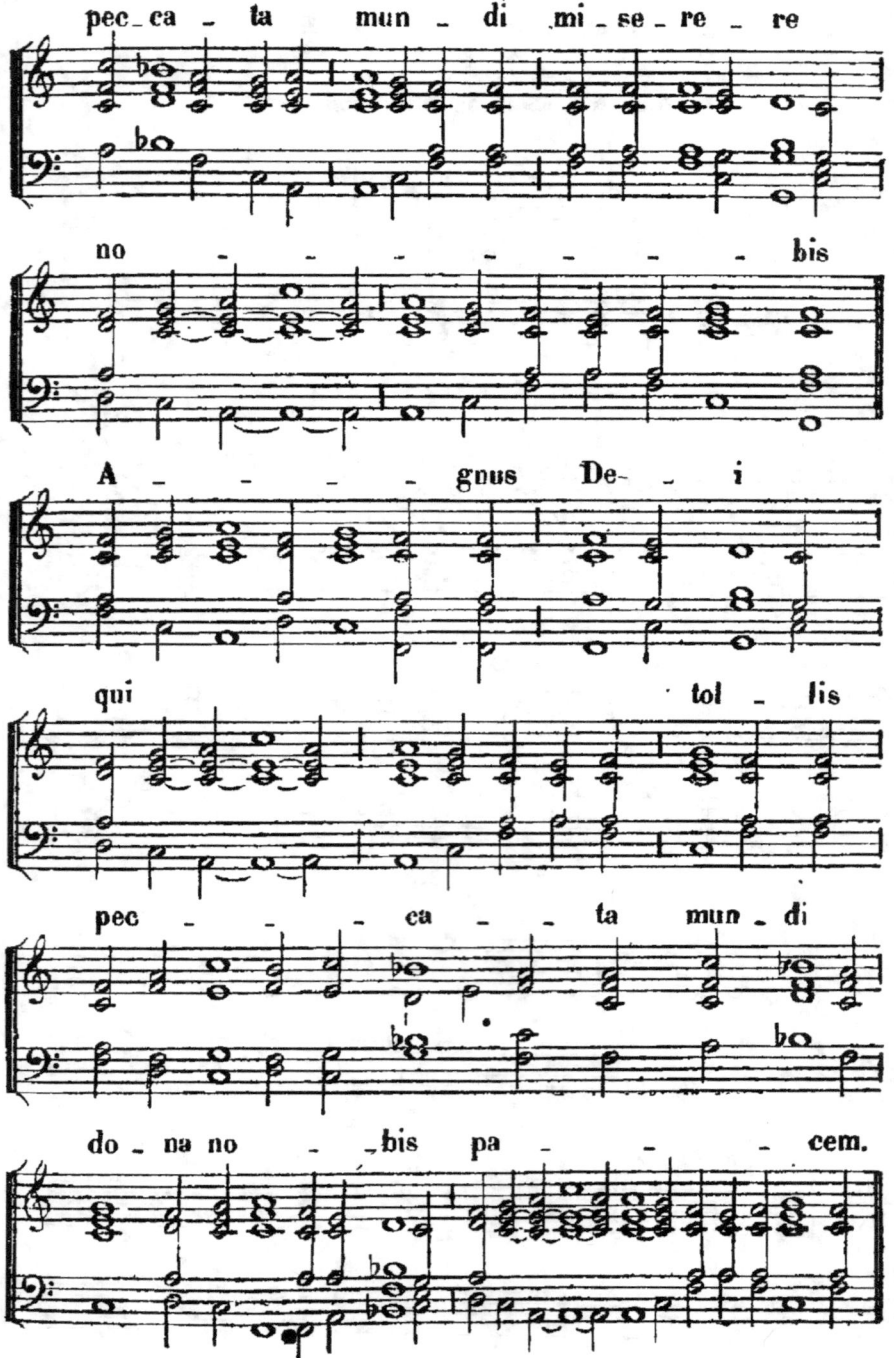

CHAPITRE V.

DES 7ᵉ ET 8ᵉ MODES.

§ 1. — *Du 7ᵉ mode, 4ᵉ authentique.*

La finale du 7ᵉ mode est *sol*, et sa dominante *ré* :

les accords qu'on devra employer le plus souvent dans son accompagnement seront donc les suivants :

Les pièces de ce mode peuvent commencer par sa finale *sol*, par sa quarte *ut*, moins souvent par sa dominante *ré*, plus rarement encore par sa tierce *si.*

Lorsque la note initiale sera *sol*, *si* ou *ré*, on pourra l'accompagner par l'accord de la finale ; lorsqu'elle sera *ut*, on choisira l'accord qui conduira le mieux à la note suivante.

§ 2. — *Des cadences du 7ᵉ mode.*

Les cadences finales du 7ᵉ mode sont les suivantes ·

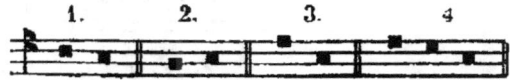

Accompagnement du n° 1.

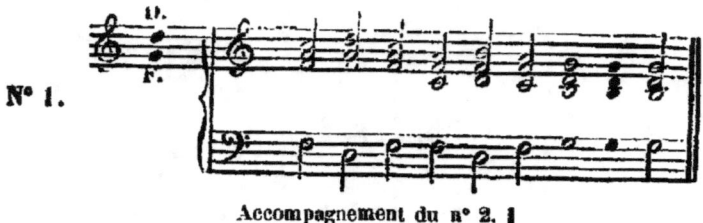

N° 1.

Accompagnement du n° 2.

Exemple tiré de la prose *Lauda Sion* :

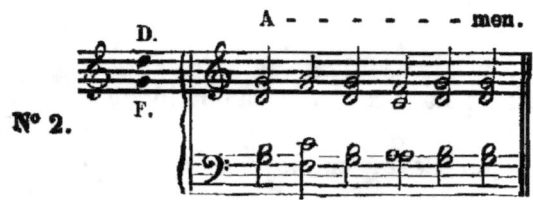

N° 2.

Accompagnement du n° 3.

Alleluia de la même prose :

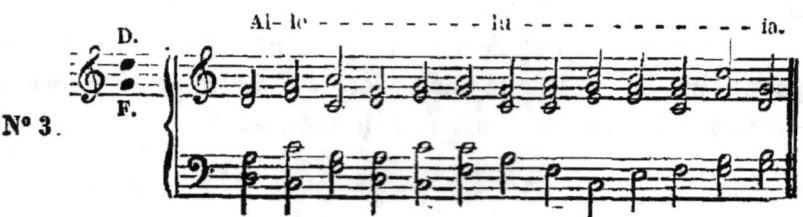

N° 3.

Accompagnement du n° 4.

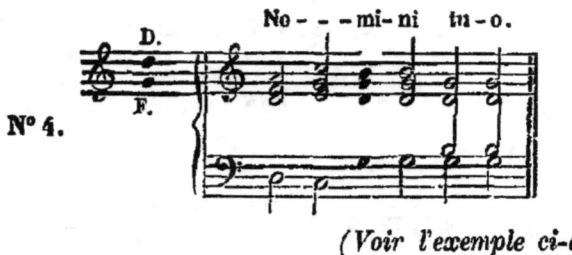

N° 4.

(Voir l'exemple ci-après.)

EXEMPLE DU 7ᵐᵉ MODE.

In festo S. Agnetis.

Ed: de Nivers de 1734, page 346.

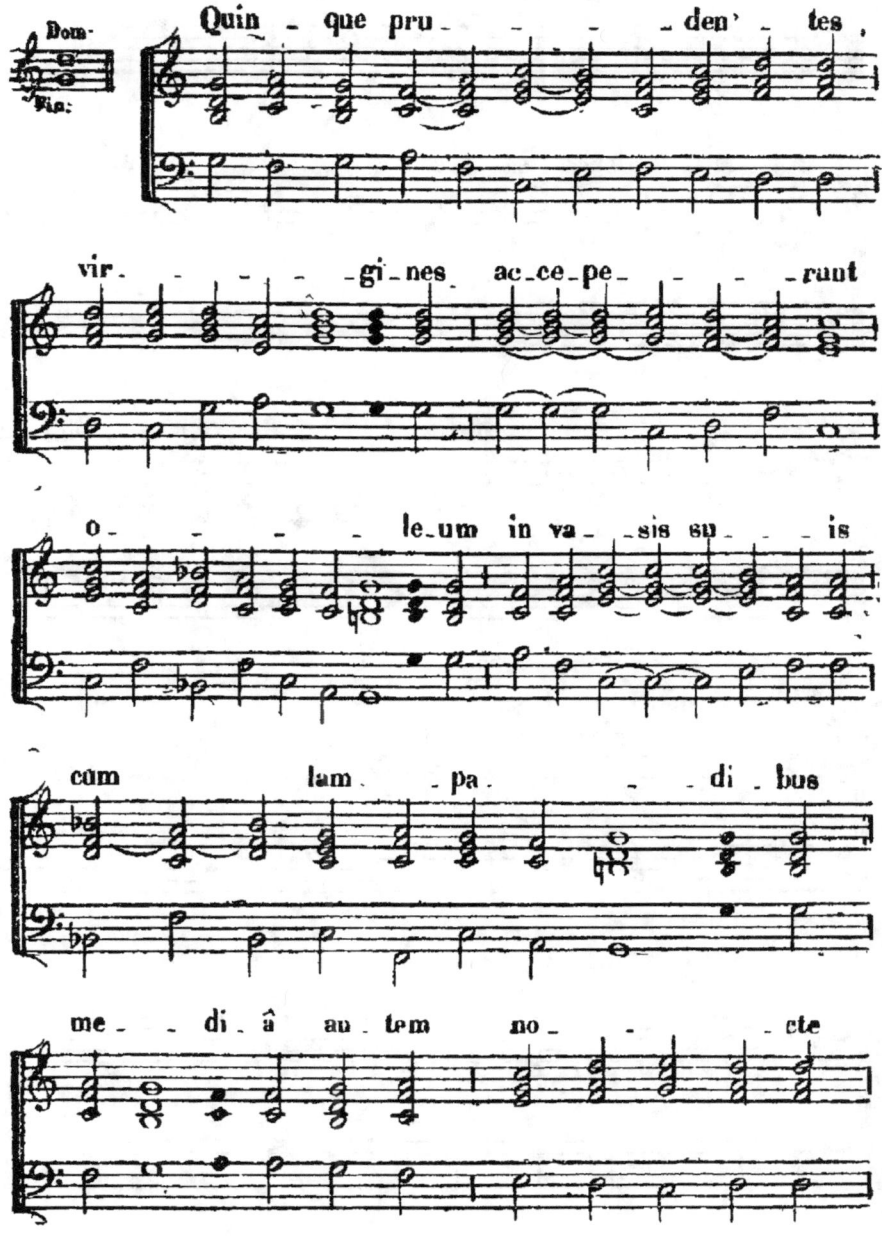

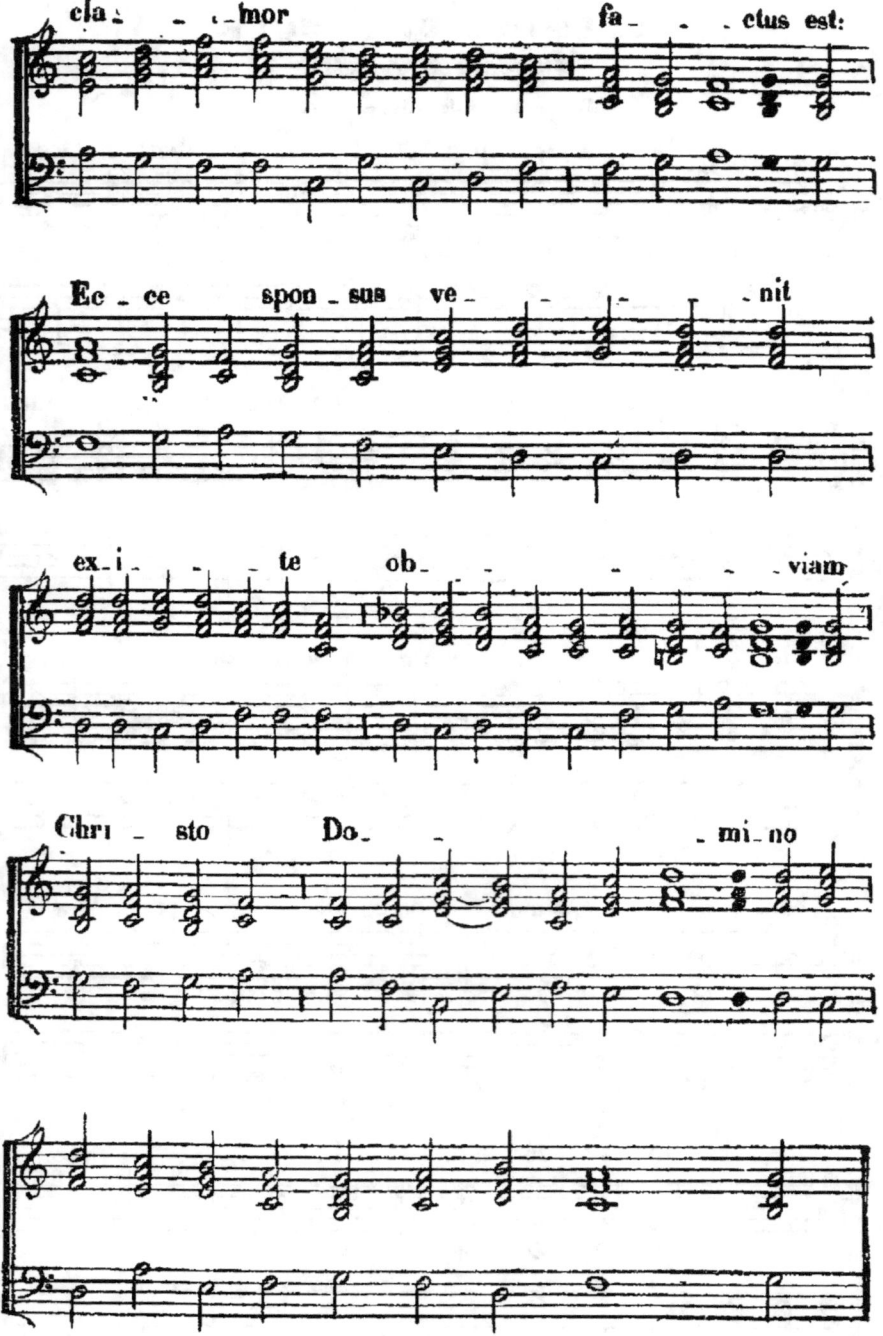

§ 3. — *Du 8ᵉ mode, ou 4ᵉ plagal*

La finale de ce mode étant *sol*, **et sa dominante** *ut* :

ce qui donne lieu aux accords   , ce mode
a beaucoup de rapports avec notre mode majeur dans le ton
d'*ut*. Ce qui l'en distingue pourtant, c'est sa terminaison qui
se fait sur le *sol*, notre dominante, au lieu de se faire sur l'*ut*,
notre tonique ; et l'absence aussi de la note sensible, le *si*, dans
ce mode, montant ou descendant indifféremment.

Les notes initiales sont toutes les notes de l'échelle, à l'exception du *mi* et du *si* ; et, comme nous avons indiqué dans les
modes précédents la manière dont on devrait s'y prendre pour
choisir l'accord initial, nous croyons pouvoir nous en tenir à ce
qui a été dit.

§ 4. — *Des cadences du 8ᵉ mode.*

Les cadences de ce mode sont les mêmes que celles du 7ᵉ ;
seulement on aura soin d'y introduire autant que possible l'accord de la dominante *ut*.

Voici quelques exemples des diverses cadences de ce mode :

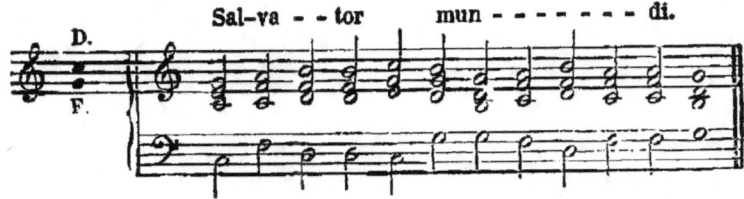

C'est principalement dans ce mode et le précédent qu'il convient d'employer l'accord de sixte composé de sixte majeure et de tierce mineure, qui se présente deux fois dans l'exemple ci-dessus. Cet accord, qui n'est plus usité dans la musique moderne, donne par cela même à l'harmonie un cachet d'ancienneté et une physionomie qui conviennent parfaitement au plain-chant.

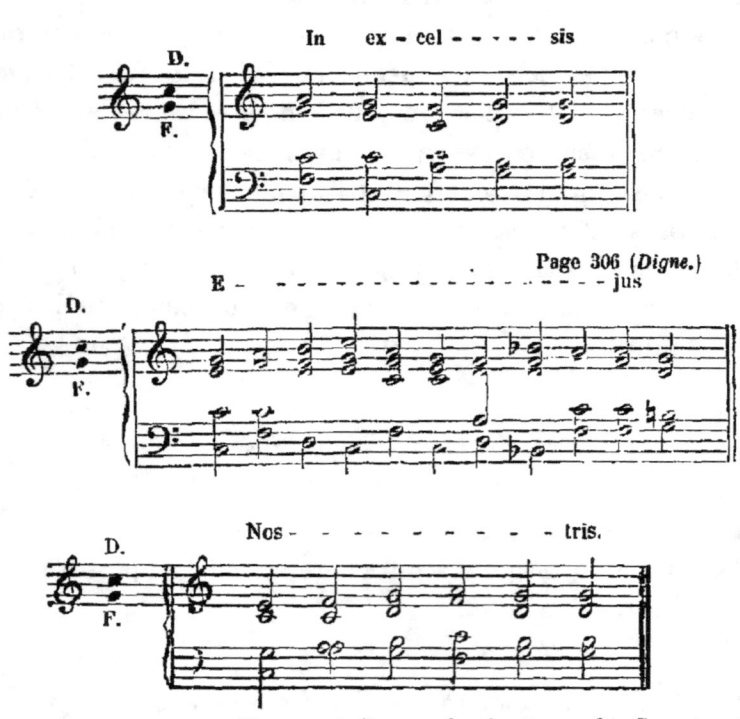

Autres cadences.

In ex - cel - - - - - sis

Page 306 (*Digne.*)
E - - - - - - - - - - - - - - - jus

Nos - - - - - - - - - tris.

(*Passez à l'exemple du 8ᵉ mode. Sanctus.*)

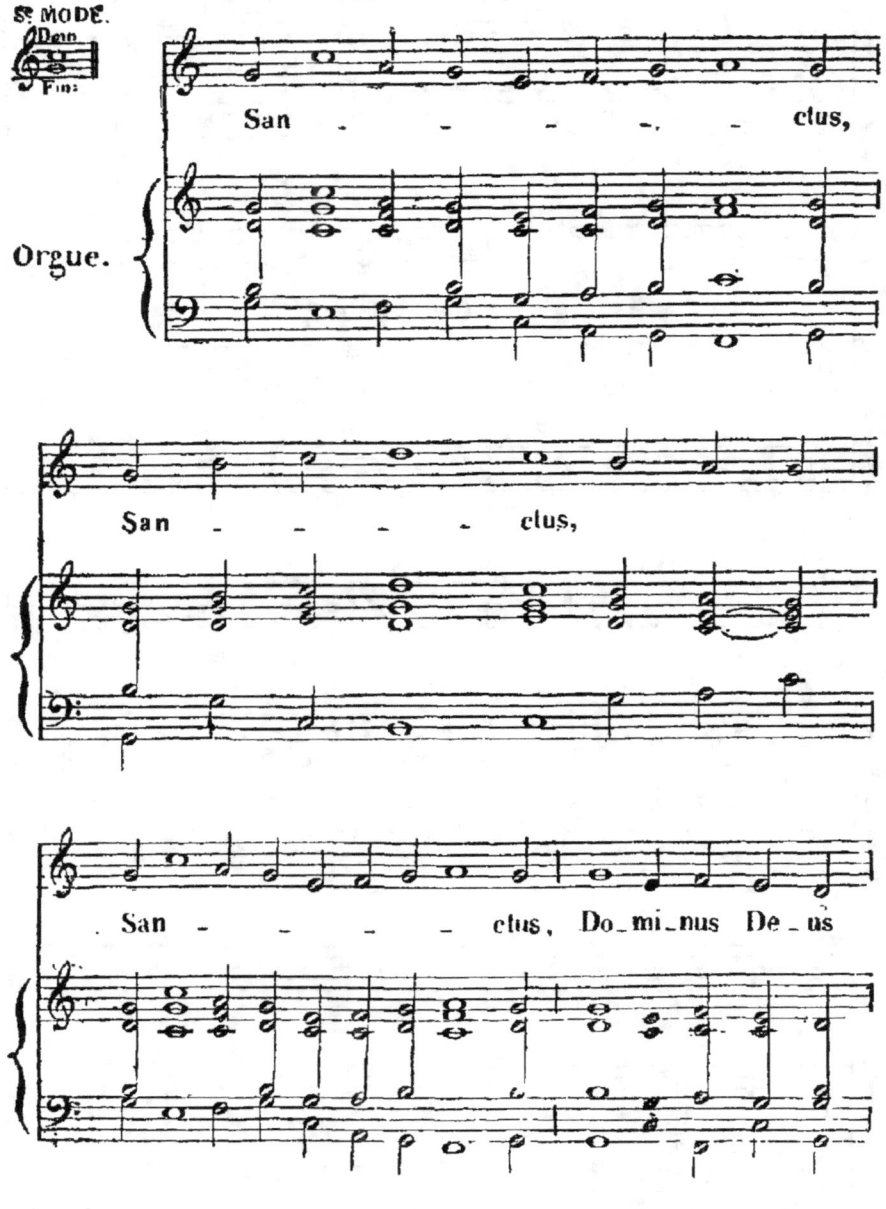

EXEMPLE DU 8.me MODE.

SANCTUS
des Dimanches et Fêtes dans l'année.

8.e MODE.

Orgue.

San — — — — — ctus,

San — — — ctus,

San — — — — ctus, Do_mi_nus De_us

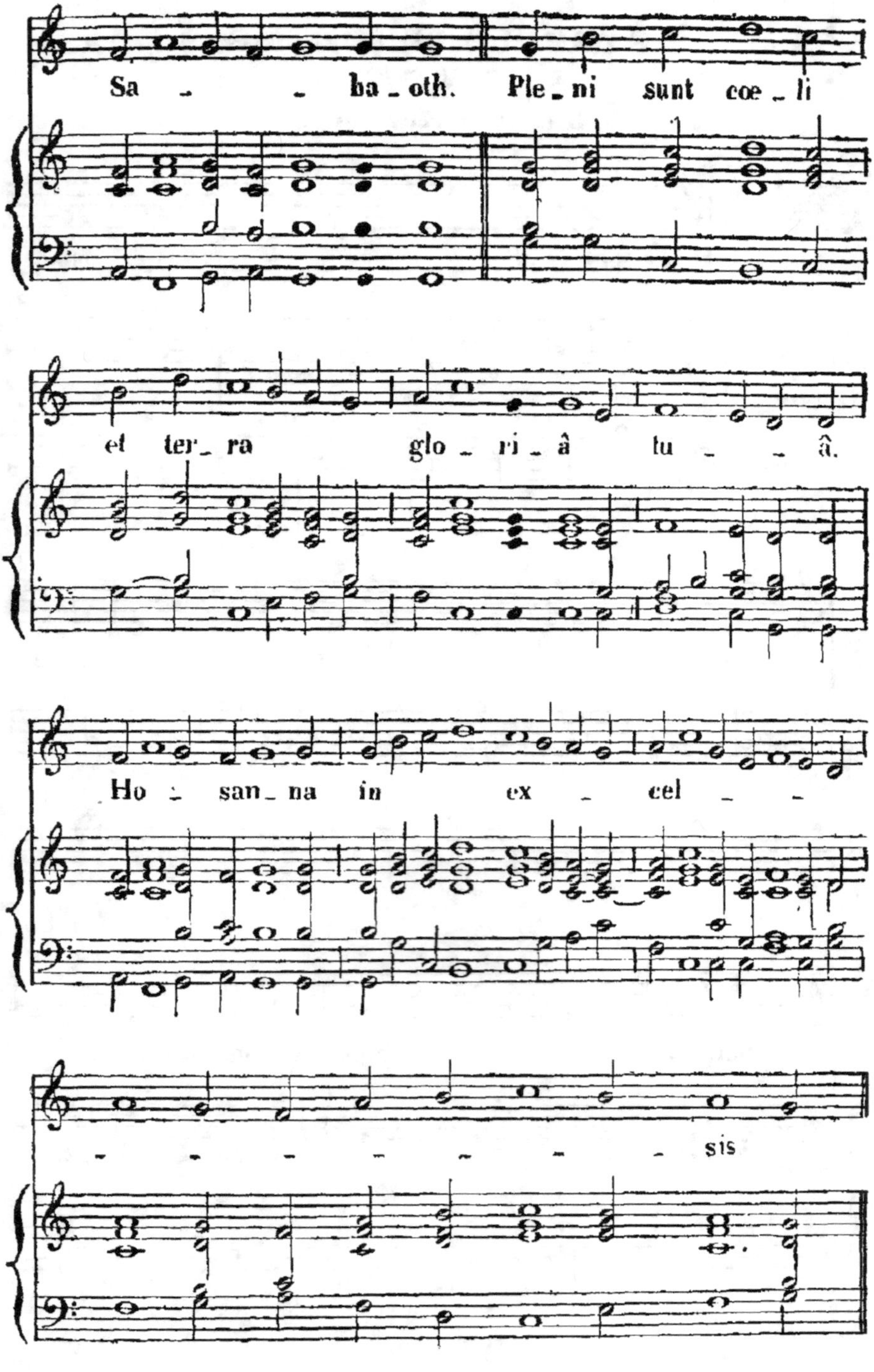

Sa ‿ ‿ ba ‿ oth. Ple ‿ ni sunt coe ‿ li

et ter ‿ ra glo ‿ ri ‿ â tu ‿ ‿ â.

Ho ‿ san ‿ na in ex ‿ cel ‿ ‿ ‿

‿ ‿ ‿ ‿ ‿ ‿ ‿ sis

OBSERVATIONS

Sur les quatre derniers modes.

Arrêtons-nous encore ici pour faire quelques observations sur les quatre derniers modes, comme nous avons fait pour les quatre premiers. Nous avons vu que des altérations s'étaient glissées dans ceux-ci, par l'adjonction de l'*ut dièse* aux cadences finales du premier authentique et de son plagal, et par l'adjonction du dièse au *sol* de l'accord final du troisième authentique et de son plagal également. Nous pouvons remarquer que les 7e et 8e modes ont subi à leur tour des altérations de même nature. Le 5e mode, celui de tous qui se rapproche le plus de notre tonalité, et qui se confond même entièrement avec notre mode majeur, lorsque le *si* est affecté du bémol pour éviter la relation de triton, le 5e mode, disonsnous, présentant dans son échelle, du 7e degré à la finale, un demi-ton *mi fa*, il en résulta que l'oreille, s'étant habituée à la série exceptionnelle et par cela même étrangère à la tonalité régulière du plain-chant : *fa, sol, la, si bémol, ut, ré, mi, fa*, fut amenée instinctivement et par analogie à altérer le 7e mode par l'adjonction du dièse au *fa*, sans s'apercevoir que ce mode, ainsi confondu, quant à son échelle, avec le 5e, n'avait plus de raison d'être et se trouvait par le fait anéanti. Car, il est facile de le voir, il y a identité complète, à un degré de distance, entre les deux échelles suivantes :

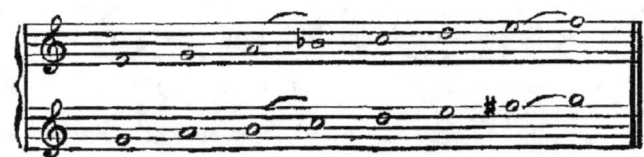

Plusieurs théoriciens veulent justifier l'emploi du *fa dièse* dans les 7e et 8e modes, en s'appuyant sur un texte de Guido d'Arezzo, dont l'interprétation est d'ailleurs douteuse et contestée. Ce texte, alors même qu'il se rapporterait réellement à l'emploi du *fa dièse*, nous paraîtrait plus favorable à l'opinion de ceux qui, comme nous, repoussent le *fa dièse* comme une altération de la tonalité, qu'à l'opinion de ceux qui l'admettent comme adoucissement (1).

Quoi qu'il en soit, ne perdons pas de vue que la théorie de tous les temps et de tous les lieux n'a jamais admis qu'une note variante, le *si*, par la raison, encore une fois, que cette note, étant la seule qui puisse se trouver en relation de triton avec une autre note de l'échelle (le *fa*), ce qui constitue le cas du *diabolus in musica*, est aussi la seule qui doive être adoucie par le bémol. Ce n'est pas au moment où la tonalité ecclésiastique soutient la guerre la plus acharnée que lui ait jamais déclarée l'art mondain, qu'elle peut se désarmer elle-même par l'adoption d'un élément tout à fait hétérogène et qui viole sans raison aucune l'ordre diatonique sur lequel repose le système du plain-chant. Si le *fa dièse* a pu être parfois toléré, alors qu'il était permis de ne pas entrevoir les conséquences qui devaient découler de son admission dans le plain-chant, son introduction serait aujourd'hui une fatale et déplorable concession aux exigences de la tonalité moderne. Nous nous garderons de tomber dans un piége d'autant plus habilement

(1) « Si autem cam vis plenius proferre non liquefaciens, nil nocet ; sæpe autem magis placet liquescere. » (*Microl.*, cap xv. Ms de Saint-Evroult.) Ce qui, pour les élèves, peut être traduit ainsi : Si vous voulez faire entendre pleinement

le *fa naturel* sur , , il n'y a aucun inconvénient; mais souvent il est plus agréable de faire entendre la *fa dièse.* » D'après ce texte ainsi entendu, Guido approuverait ceux qui font le *fa naturel;* et, quant au *fa dièse*, il reconnaîtrait qu'il a plus de douceur, ce qui est vrai. Mais il n'est d'ailleurs nullement prouvé que le mot *liquescere* veuille dire faire le demi-ton (*). C'est précisément ce mot *liquescere* qu'il s'agit de définir; c'est là le *quod erat demonstrandum*, attendu que nous voyons ce mot employé dans mainte autre phrase de Guido, où il est impossible de lui donner la signification de *hausser d'un demi-ton.* Il est vrai que D. Jumilhac a dit, d'après ce texte : « Ce que quelques musiciens disent se » f ire si naturellement (le demi-ton) dans ces sortes de cadences que ceux mes- » mes qui n'y font aucune réflexion le pratiquent ainsi, non-seulement aux » cadences finales, mais mesmes lorsqu'elles se rencontrent en d'autres endroits. » (*La Science et la Pratique du plain-chant*, p. 189) Puisque *quelques musiciens* faisaient le demi-ton *si naturellement* et *sans aucune réflexion*, n'est-ce pas dire qu'ils étaient, à leur insu, livrés aux suggestions de la tonalité mondaine?

(*) Voir, dans la 2ᵉ partie de la 4ᵉ année de la *Revue de musique religieuse* de M. Danjou, publiée en 1854, la remarquable discussion de M. l'abbé Petit sur la signification de ce mot, p. 113.

tendu que c'est cette même tonalité moderne qui agit sur nos
oreilles par voie d'insinuation.

La tonalité grégorienne triomphera, nous l'espérons bien ;
elle triomphera dans le sanctuaire, son véritable domaine ;
elle y régnera glorieusement et sans partage, mais à la condition *sine quâ non* de rester elle-même, revêtue de son propre
éclat, pure de tout mélange et de tout alliage. Là est sa puis-
sance, et là sa beauté.

Qu'on n'allègue donc plus en faveur du *fa dièse* une raison tirée
de l'euphonie et une autre raison de la nécessité d'éviter le triton. Quant à nous, nous déclarons que c'est violer les lois fondamentales du plain-chant que d'employer le *fa dièse* dans certaines
cadences, et nous n'hésitons pas à dire que les partisans de cette
prétendue euphonie sont ceux dont les organes émoussés par
les impressions efféminées de la tonalité moderne sont incapables
de s'identifier avec les éléments et les données de la tonalité
ancienne. Il n'est que trop vrai que ceux qui réclament la présence du *fa dièse* dans le 8e mode sont séduits, à leur insu,
par la fausse analogie que ce mode, par sa finale, présente
avec notre ton de *sol* majeur, et c'est sous l'impression et avec
la préoccupation de notre gamme de *sol* qu'ils apprécient les
mélodies de ce 8e mode. Dans une disposition semblable, le
fa naturel doit les choquer et leur sembler moins euphonique
que le *fa dièse*. Mais, si ces musiciens s'attachaient à rechercher plutôt l'analogie de ce 8e mode, non avec notre ton de
sol, mais avec notre ton d'*ut* ; s'ils s'appliquaient à considérer
le *sol*, notre dominante, comme finale, et l'*ut*, notre tonique,
comme dominante, ils verraient disparaître à l'instant les prétendues difficultés d'accompagnement de ce mode, et se con-
vaincraient que le *fa* naturel seul y est véritablement euphonique.

Pour ce qui est de la nécessité d'éviter le triton, cette raison
tombe d'elle-même, puisque les 7e et 8e modes sont soumis,
comme les autres, à la loi commune, qui veut que le triton

soit évité par l'emploi du *si bémol*. D'ailleurs, dans un grand
nombre de cas, le *fa*, altéré par le dièse, ne ferait disparaître
le triton qu'en amenant une relation de quinte mineure de
fa dièse à *ut*, comme on peut le voir dans l'exemple suivant,
tiré de la pièce du Graduel, dont nous avons donné l'harmonie
à la fin du 7ᵉ mode. Nous ne voyons pas ce que l'on gagnerait
à tomber ainsi de Charybde en Scylla.

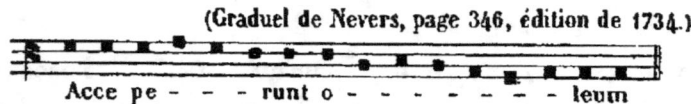

(Graduel de Nevers, page 346, édition de 1734.)

On peut voir qu'en voulant éviter le triton par le *fa dièse*,
on donnerait naissance à une autre espèce de triton *fa dièse, ut*,
tandis qu'en l'évitant par le *si bémol*, la phrase est aussi régulière qu'harmonieuse.

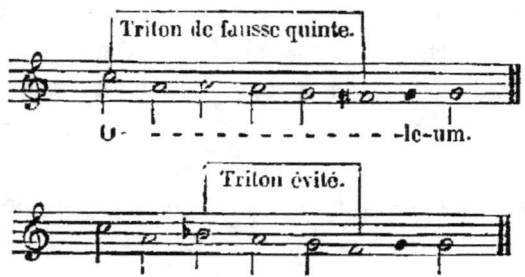

De cette manière, nulle atteinte à la tonalité.

Ajoutons que cet intervalle de quinte mineure, *fa dièse, ut*,
substitué au triton *fa, si*, qu'il est, nous le répétons, toujours
aisé de corriger par le bémol, est sévèrement condamné par
les théoriciens qui, à l'exemple de M. l'abbé Janssen, entre
autres, se sont conformés le plus aux règles de la tonalité
ecclésiastique ; et si le savant M. de Coussemaker a signalé,
dans un écrit récent, une relation de même nature, la quinte
mineure de *mi* à *si bémol*, ce n'a été que pour la singularité du
fait, et il a eu soin d'observer que le morceau inédit d'où cet
exemple était tiré est un plain-chant évidemment corrompu (1).

(1) *Chants liturgiques de Thomas à Kempis*, Gand, 1856. « Cela prouve, d t l'au-
» teur après avoir cité l'exemple dont nous parlons, que le sentiment tonal qui a
» produit plus tard le système de musique moderne existait, ainsi que nous l'avons
» dit ailleurs, longtemps avant la fin du xvıᵉ siècle puisqu'il se manifeste ici
» même dans le plain-chant. »

Revenons, en terminant, sur une observation déjà faite.
Une étude attentive et une analyse comparée des modes ecclésiastiques nous ont fait pencher vers cette opinion, savoir : que
tous les modes sont sans doute fort éloignés du triton, mais
non pourtant tous également, et que les 7e et 8e sont ceux qui
s'en rapprochent le plus. Il est certain que, dans ces deux
modes, il se rencontre des déductions, des groupes mélodiques,
où les notes *fa* et *si* apparaissent dans des combinaisons telles
que, sans qu'il en résulte le cas flagrant du triton, du *diabolus
in musica* de tout temps réprouvé, elles en font néanmoins
naître la sensation, et l'affinité que ces deux modes présentent
avec cet étrange élément produit un caractère qui leur est particulier. De là la convenance de l'emploi de cet accord de
sixte dont nous avons parlé plus haut, dont le triton n'a aucun rapport avec celui de notre accord de septième de dominante, puisque la note *si*, qui, dans notre musique, serait note
sensible et se porterait invinciblement sur la tonique, est,
dans notre système d'accompagnement du plain-chant, privée
d'attraction, et peut indifféremment se résoudre en descendant
ou en montant, comme dans les exemples que nous avons
donnés ci-dessus

CHAPITRE VI.

DE LA TRANSPOSITION DES MODES.

Avant d'aborder la transposition des modes, nous signalerons de nouveau la mauvaise habitude qu'ont certains organistes d'assimiler les modes du plain-chant à quelques-uns de nos tons modernes, et par suite d'introduire dans la notation grégorienne des accidents qui ne doivent pas s'y rencontrer. Ainsi, ayant confondu comme nous l'avons déjà observé, les 1er et 2e modes avec notre ton de *ré mineur*, les 3e et 4e modes avec le ton de *la mineur*, les 5e et 6e avec le ton de *fa majeur*, et les 7e et 8e avec le ton de *sol*(1), ils ont été amenés à armer la clef tantôt d'un bémol, tantôt d'un dièse, comme s'ils avaient eu à écrire dans notre système moderne. Cette erreur en entraîne nécessairement d'autres dans la pratique de la transposition des modes.

Une des parties les plus difficiles de l'art de l'accompagnateur est, sans contredit, la transposition des modes ; il devra s'y exercer avec soin dès l'instant qu'il aura acquis l'habitude de l'harmonie qui convient à chacun de ces modes en particulier : car il ne suffit pas de savoir appliquer l'harmonie aux notes telles qu'elles sont indiquées sur le livre ; il faut encore pouvoir transposer une pièce de plain-chant, c'est-à-dire en hausser ou

---

(1) Ce qui revient exactement à réduire les modes du plain-chant à nos deux modes majeur et mineur, puisque dans notre tonalité il n'y a aucune différence entre *ré mineur* et *la mineur* quant à la modalité, comme il n'y en a aucune sous le même rapport entre *fa majeur* et *sol majeur*.

en baisser plus ou moins le diapason, selon l'étendue des voix qu'on a à sa disposition. Les diverses pièces du plain-chant étant toutes écrites dans les échelles naturelles des différents modes, certaines pièces conviennent aux voix graves, d'autres aux voix élevées ; d'où la nécessité de les transposer plus haut ou plus bas, selon la circonstance. Cette transposition à l'aigu ou au grave pourra être d'un demi-ton, d'un ton, quelquefois de plusieurs tons.

Indiquons le moyen pratique le plus simple de déterminer le nombre et la nature des accidents qui devront figurer à la clef du morceau transposé pour conserver l'ordre des intervalles du mode naturel. Il suffit pour cela de comparer la finale du mode quel qu'il soit dans son ton naturel, c'est-à-dire *sans accidents à la clef,* enfin tel qu'il se trouve dans le livre, de comparer cette finale, disons-nous, à la tonique de notre mode majeur, également dans son ton naturel, savoir, *ut.*

Prenons pour exemple une pièce du 2e mode, le plus grave de tous, un répons de la fête de la Dédicace :

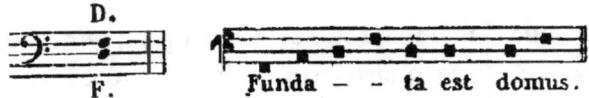

En parcourant ce chant dans son entier, nous reconnaîtrons que la note la plus basse est un *la,* et la note la plus élevée l'octave de

ce *la* 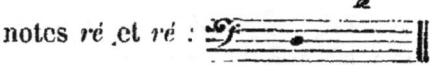 et que, si l'on veut le faire chanter

par des ténors, il sera nécessaire de le hausser au moins d'une quarte, de manière qu'il soit renfermé dans l'intervalle des deux

notes *ré* et *ré :*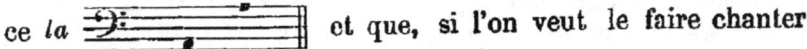

La finale *ré* haussée d'une quarte deviendra *sol.* Procédons maintenant par comparaison : de la finale *ré* à notre ton d'*ut* majeur (que nous avons pris ci-dessus pour type du ton naturel sans accidents à la clef), il y a un ton en descendant. De notre nouvelle finale *sol*, en descendant d'un ton, nous aurons *fa*. Or, dans notre tonalité, le ton de *fa* porte le *si bémol* à la clef.

Ainsi, en accompagnant à une quarte plus haut la pièce qui nous occupe, le *si bémol* à la clef sera supposé.

Mais, comme dans la plupart des livres de plain-chant le mode n'est pas indiqué, et que le maître de chapelle et l'organiste n'ont pas toujours le temps de le reconnaître, on pourra se servir d'un procédé plus expéditif, mais qui présente l'inconvénient grave de ne pas faire connaître la finale et la dominante, et par conséquent de laisser la modalité indécise. Il n'y a pour cela qu'à comparer la note initiale elle-même à notre tonique *ut*, au lieu de comparer à ce même *ut* la finale qu'on n'a pas eu le temps de chercher. Ce moyen, que nous ne donnons que comme pis-aller et dont on ne devra pas abuser, a, comme le premier, l'avantage d'indiquer exactement les accidents qu'il faudra supposer à la clef, afin d'éviter par là tout mélange des échelles anciennes et des échelles modernes.

Reprenons maintenant notre exemple pour opérer la même transposition à la quarte par ce second procédé. La note initiale de ce plain-chant est *la* ; notre tonique *ut* est une tierce mineure au-dessus. Ce *la* haussé d'une quarte va devenir *ré* ; la note qui devra déterminer la nature et le nombre des accidents se trouvera à une tierce mineure de ce *ré* ; cette note est *fa*, et, comme dans l'exemple précédent, le *si bémol* à la clef se trouvera encore indiqué. Lorsqu'on se sera quelque peu exercé à la pratique de la transposition, on reconnaîtra qu'il faut se bien garder, pour déterminer le nombre des accidents qui doivent être placés à la clef, de comparer le ton transposé au ton moderne qui semble lui correspondre, et que, dans toute transposition bien faite, il se trouvera toujours un accident de plus ou de moins que ceux qu'on serait tenté de supposer.

Pour nous résumer, nous ferons remarquer que les deux premiers modes, ayant pour finale *ré*, se trouvent exactement à un ton de distance de notre ton d'*ut*, qui, comme tous les modes du plain-chant, est sans accidents à la clef; par conséquent, pour ces deux premiers modes, il faudra chercher, à un ton au-dessous de la nouvelle finale qu'on aura choisie, le ton moderne qui indiquera le nombre d'accidents dont la clef devra être armée. Ainsi, si l'on prend *mi bémol* pour note finale, ce sera *ré bémol* qui indiquera le nombre des accidents.

Pour les transpositions des 3e et 4e modes, dont la finale est à une tierce majeure au-dessus de ce même ton d'*ut*, c'est à une tierce majeure au-dessous de la finale choisie qu'on trouvera le ton moderne indiquant le nombre et la nature des accidents. Par exemple, si, au lieu de *mi*, on choisit pour finale *sol*, ce sera le ton de *mi bémol* qui indiquera le nombre des accidents.

Pour les 5e et 6e modes, dont la finale est à une quarte au-dessus d'*ut*, c'est à une quarte au-dessous qu'il faudra chercher le ton moderne.

Et enfin, pour les 7e et 8e modes, la finale étant à une quinte au-dessus d'*ut*, c'est à une quinte au-dessous de la finale choisie qu'on trouvera également le ton moderne.

Dans les transpositions que l'on opérera, il faudra se garder de celles qui amèneraient un trop grand nombre d'accidents à la clef.

CHAPITRE VII.

DE L'ACCOMPAGNEMENT DE LA PSALMODIE.

Nous rappellerons ici que la psalmodie se faisant principalement sur la dominante et les notes qui en sont voisines, il y a deux espèces de terminaisons : celles qui aboutissent à la finale et qui sont dites *terminaisons complètes* ; celles qui, finissant au-dessus ou au-dessous, sont appelées *terminaisons incomplètes*. La raison de ces dernières est que, le psaume et l'antienne faisant un même corps, comme il a été dit, l'antienne est le membre par lequel la psalmodie reçoit son complément. C'est donc le mode de l'antienne qui détermine celui de la formule psalmodique. On suivra pour la psalmodie les règles qui nous ont servi de guide pour l'accompagnement des autres chants, et nous croyons utile pour terminer de donner ici les accompagnements de cette partie si importante de l'office divin.

———

Voir ci-après, dans la *Partie pratique* de ce traité :

1º *Les divers modes du chant des Psaumes et des cantiques; ceux du Gloria Patri pour l'Introït; l'accompagnement des formules des huit modes empruntées à Guido d'Arezzo, etc.; harmonisés par L. NIEDERMEYER.*

2º *Les Morceaux de plain-chant des huit modes, avec exemples de transposition, harmonisés d'après les principes de ce Traité d'accompagnement, par M. Eugène GIGOUT, Professeur à l'École de musique religieuse, Organiste du grand orgue de Saint-Augustin.*

NOTE DES ÉDITEURS

En signalant à toutes les maîtrises de France et de Belgique cette nouvelle édition du *Traité de l'accompagnement du Plain-Chant*, de L. NIEDERMEYER et J. D'ORTIGUE, et les trois volumes des *Chants du Graduel et du Vespéral Romains*, harmonisés à quatre voix, d'après ce traité, par M. EUGÈNE GIGOUT, il importe de faire connaître à MM. les maîtres de chapelle que, dans le but de faciliter autant que possible, dans leurs maîtrises, l'exécution des principaux morceaux des Offices de l'année, ainsi harmonisés, il en sera fait une édition séparée, à *prix réduit*, afin d'éviter toute copie ou autographie, expressément interdites par les éditeurs-propriétaires, pour tous pays, de l'important travail de M. EUGÈNE GIGOUT, ainsi que de la nouvelle édition du *Traité de l'accompagnement du plain-chant*, de L. NIEDERMEYER et J. D'ORTIGUE, édition soigneusement revue et augmentée, pour la partie pratique, de l'harmonisation, par M. GIGOUT, de morceaux de plain-chant des huit modes, avec exemples de transposition.

C'est aussi à MM. HEUGEL et Cie, éditeurs de la *Maîtrise* et des solféges et méthodes du Conservatoire, 2 *bis*, rue Vivienne, à Paris, que MM. les maîtres de chapelle et organistes de France et de l'étranger devront exclusivement s'adresser, pour toutes les publications de chant et d'orgue de la *Maîtrise*, journal de musique religieuse, fondé par L. NIEDERMEYER avec le concours de J. D'ORTIGUE.

PARTIE PRATIQUE

LES DIVERS MODES

du chant des Psaumes et des Cantiques.

PREMIER MODE

(Ed:de Digne.)

avec ses conclusions.

. NIEDERMEYER.

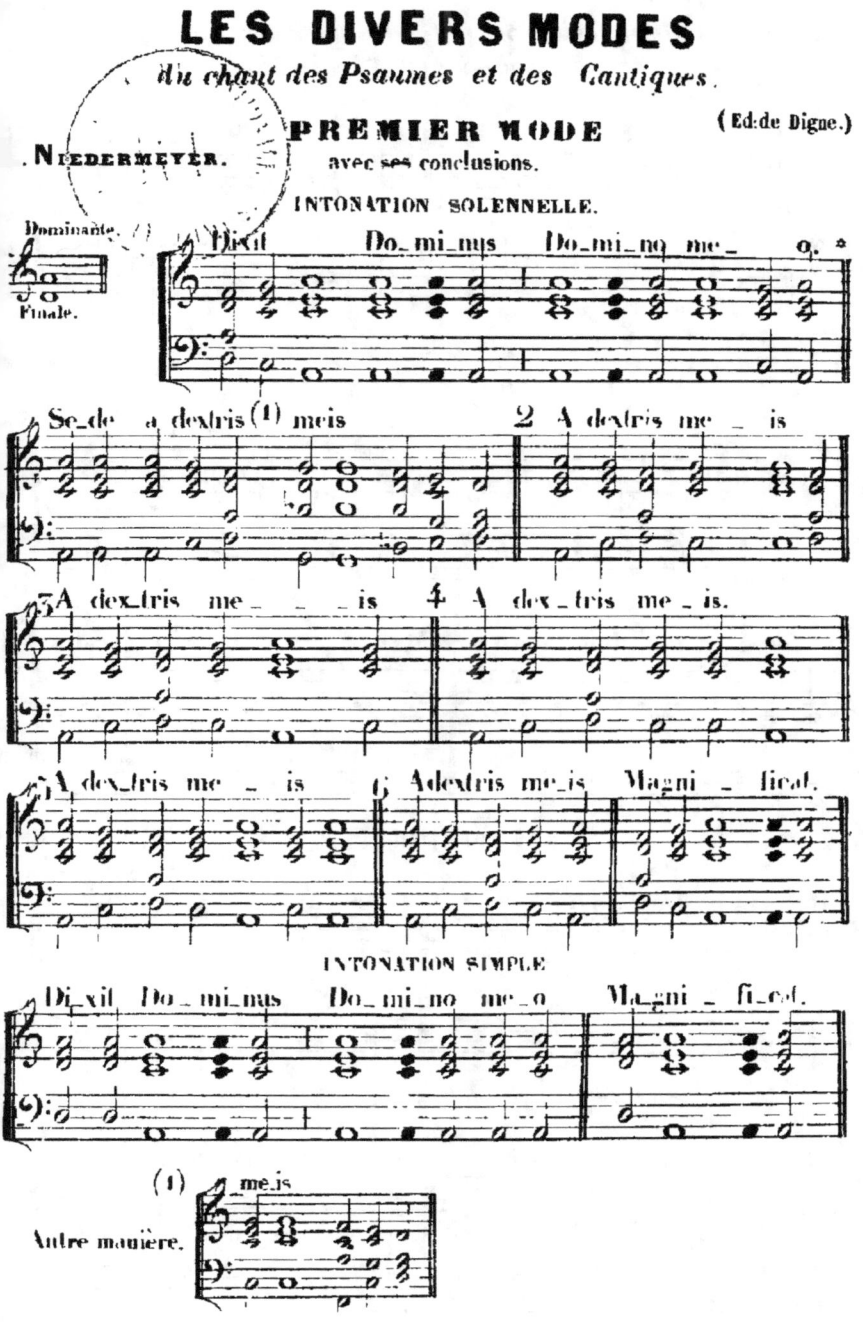

Traité d'accompagnement du Plain–Chant. par L. Niedermeyer et J. d'Ortigue.

Aux Fêtes solennelles, on fait, dans quelques Églises,
une plus grande médiante aux 1.ᵉʳ et 6.ᵉ Modes.

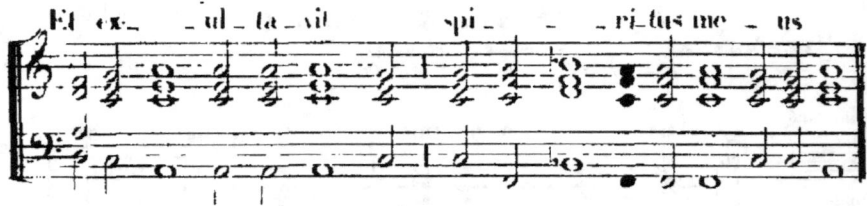

DEUXIÈME MODE.

INTONATION SOLENNELLE.

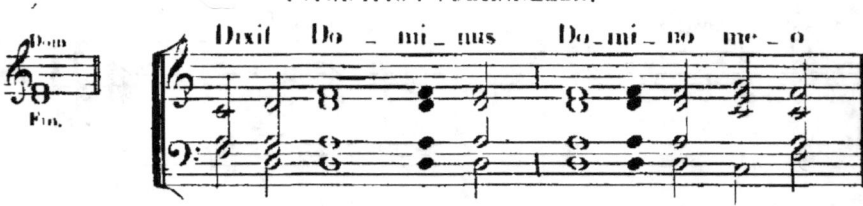

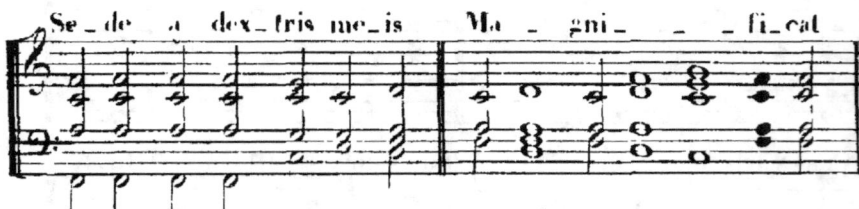

INTONATION SIMPLE.

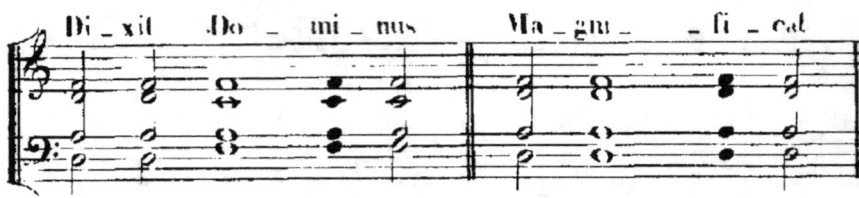

Aux fêtes solennelles, au 2.ᵉ Mode.

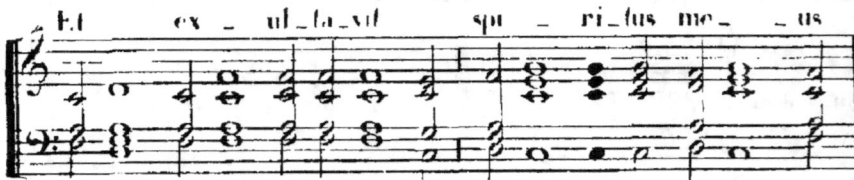

TROISIÈME MODE.

INTONATION SOLENNELLE

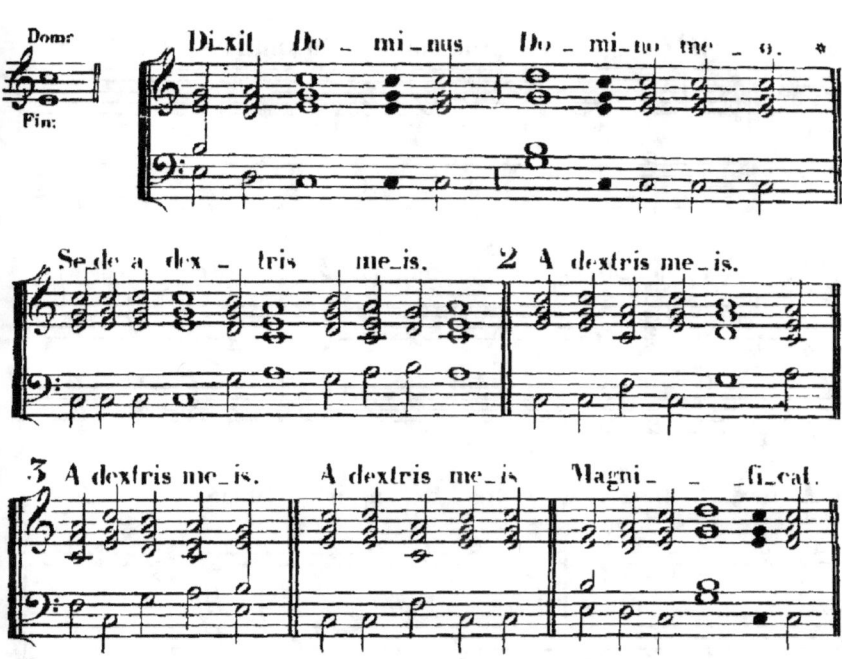

INTONATION SIMPLE.

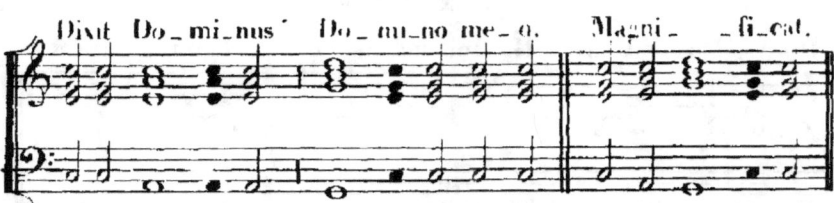

Aux fêtes solennelles au 3.ᵉ Mode.

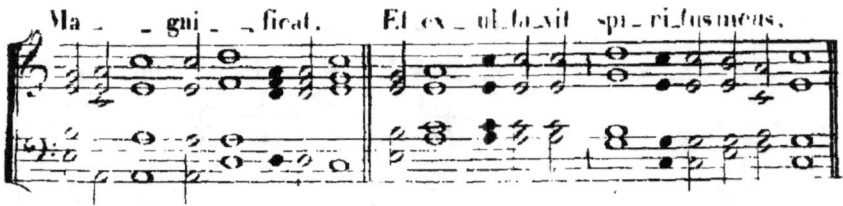

4

QUATRIÈME MODE.

INTONATION SOLENNELLE.

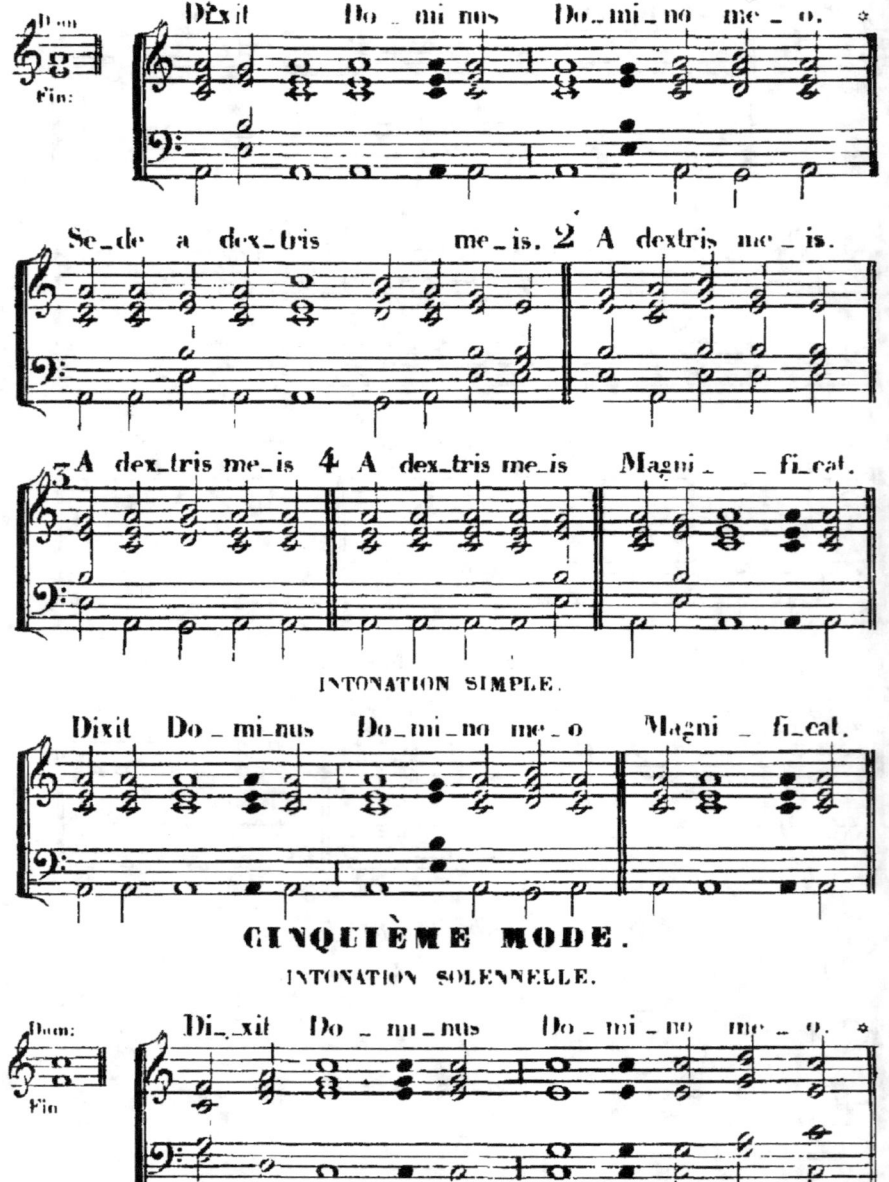

CINQUIÈME MODE.

INTONATION SOLENNELLE.

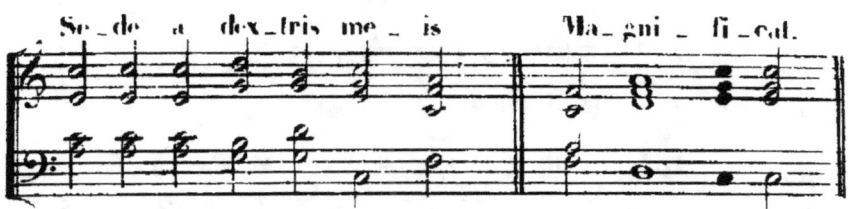

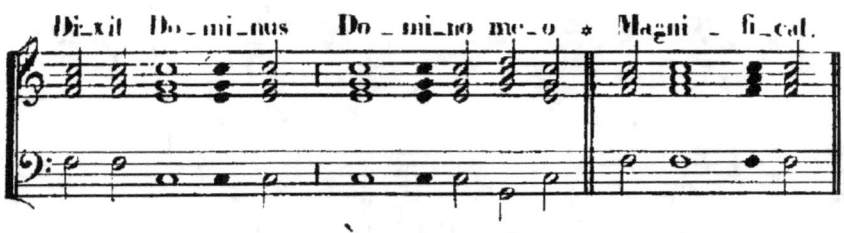

SIXIÈME MODE.

INTONATION SOLENNELLE.

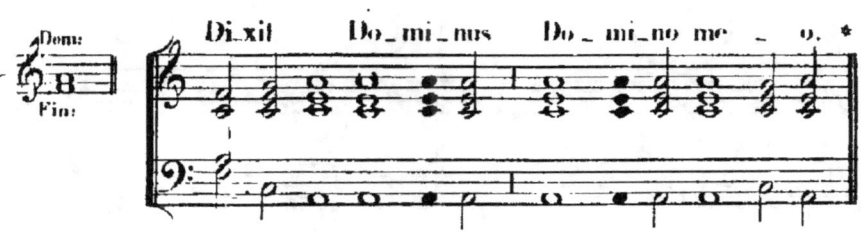

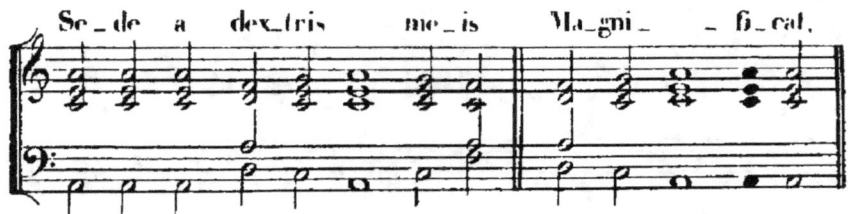

INTONATION SIMPLE.

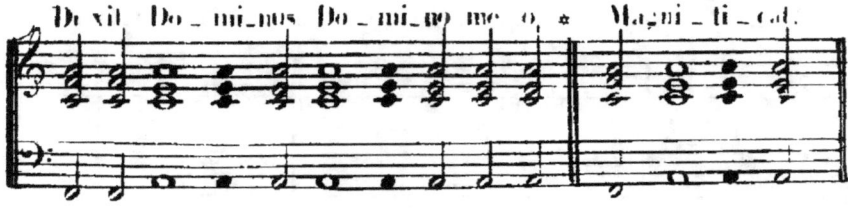

SEPTIÈME MODE.

INTONATION SOLENNELLE.

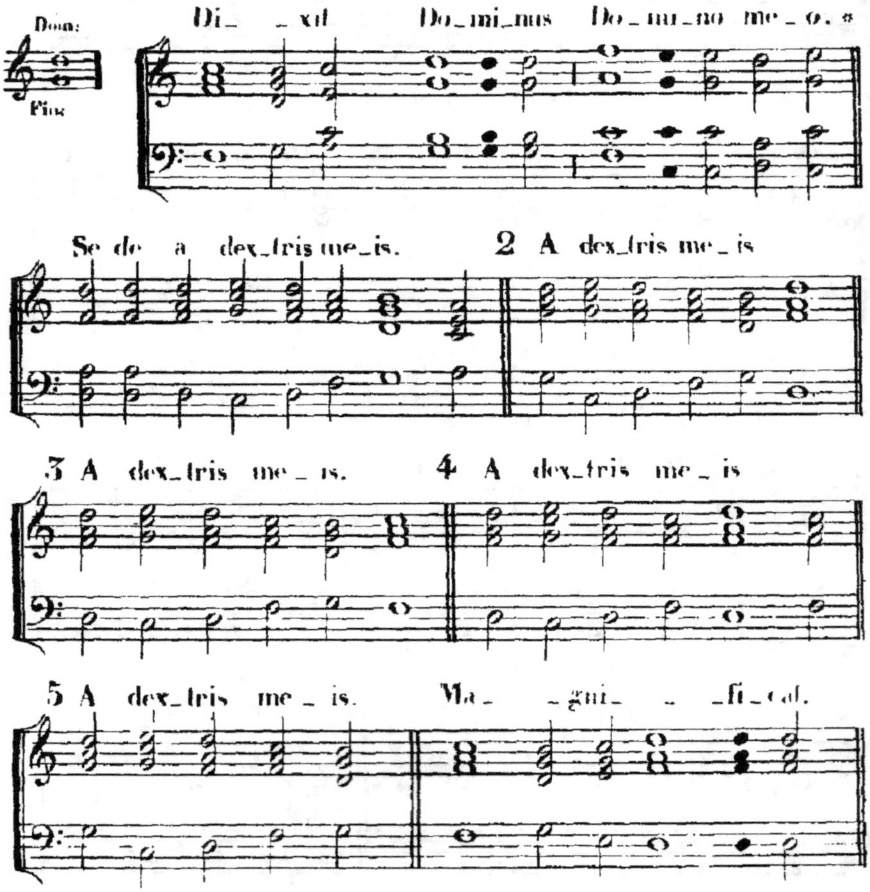

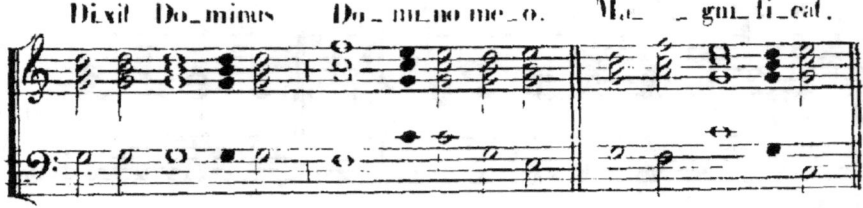

INTONATION SIMPLE.

HUITIÈME MODE.

INTONATION SOLENNELLE.

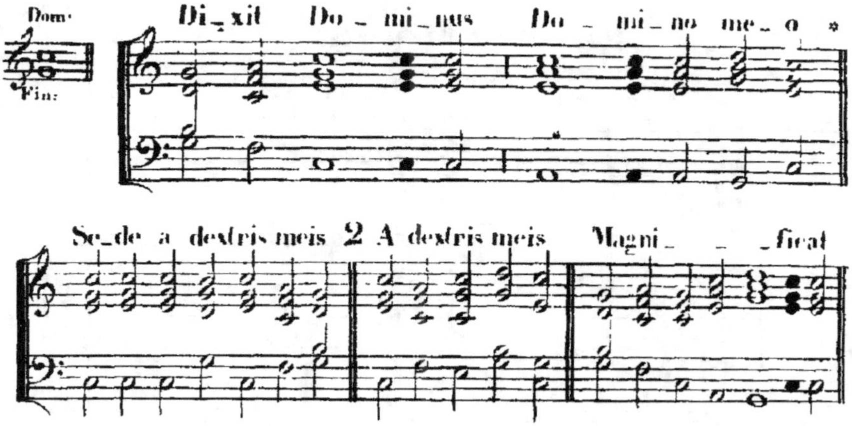

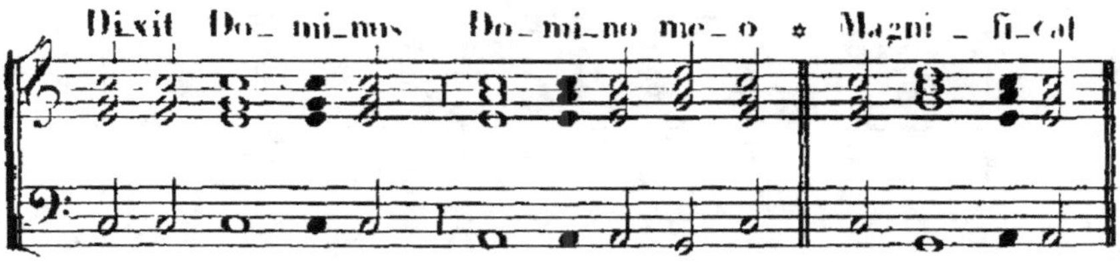

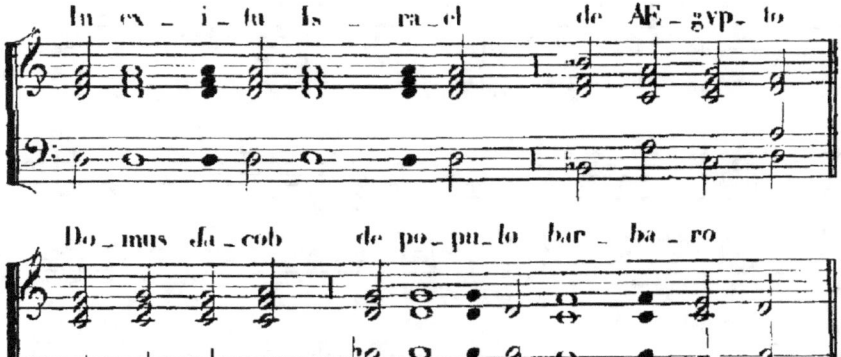

LES DIVERS MODES

des Gloria Patri des Introït.

(Ed: de Digne.)

PREMIER MODE.

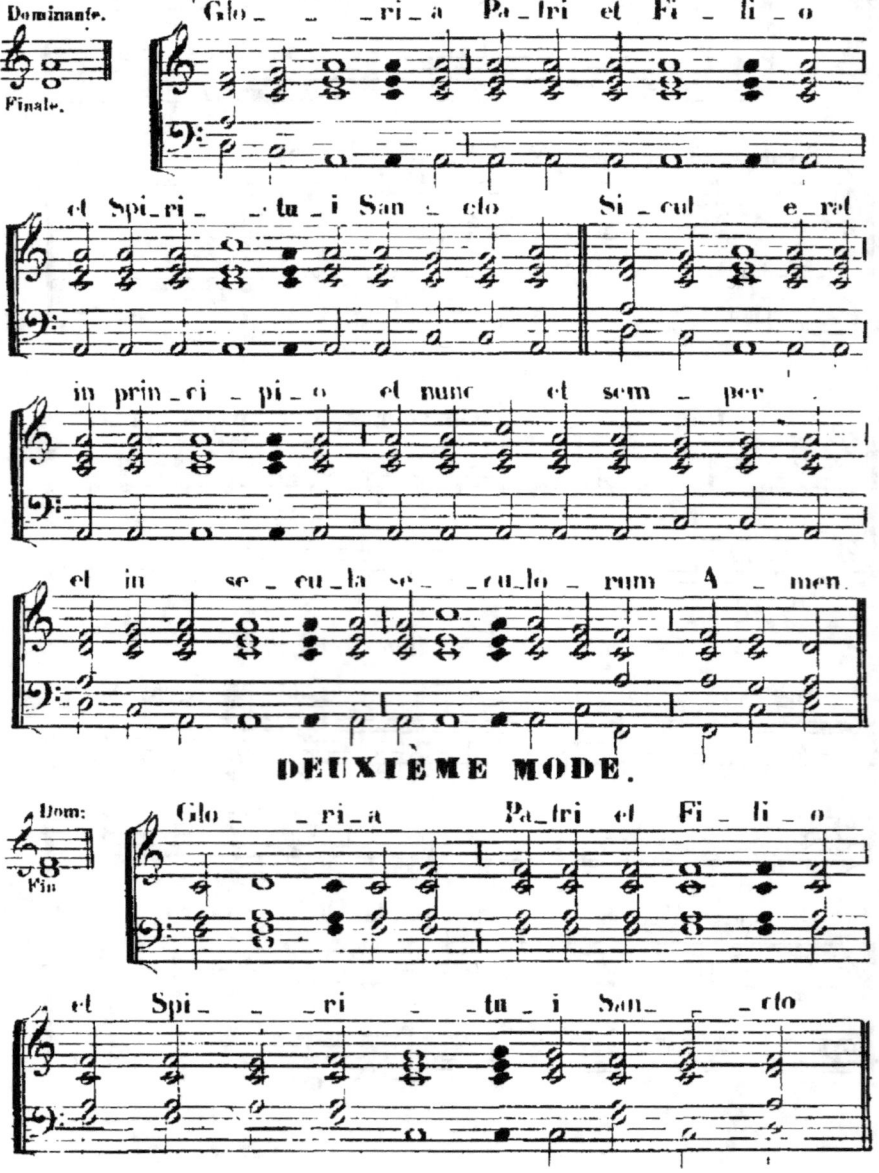

DEUXIÈME MODE.

L. NIEDERMEYER et J. d'ORTIGUE.

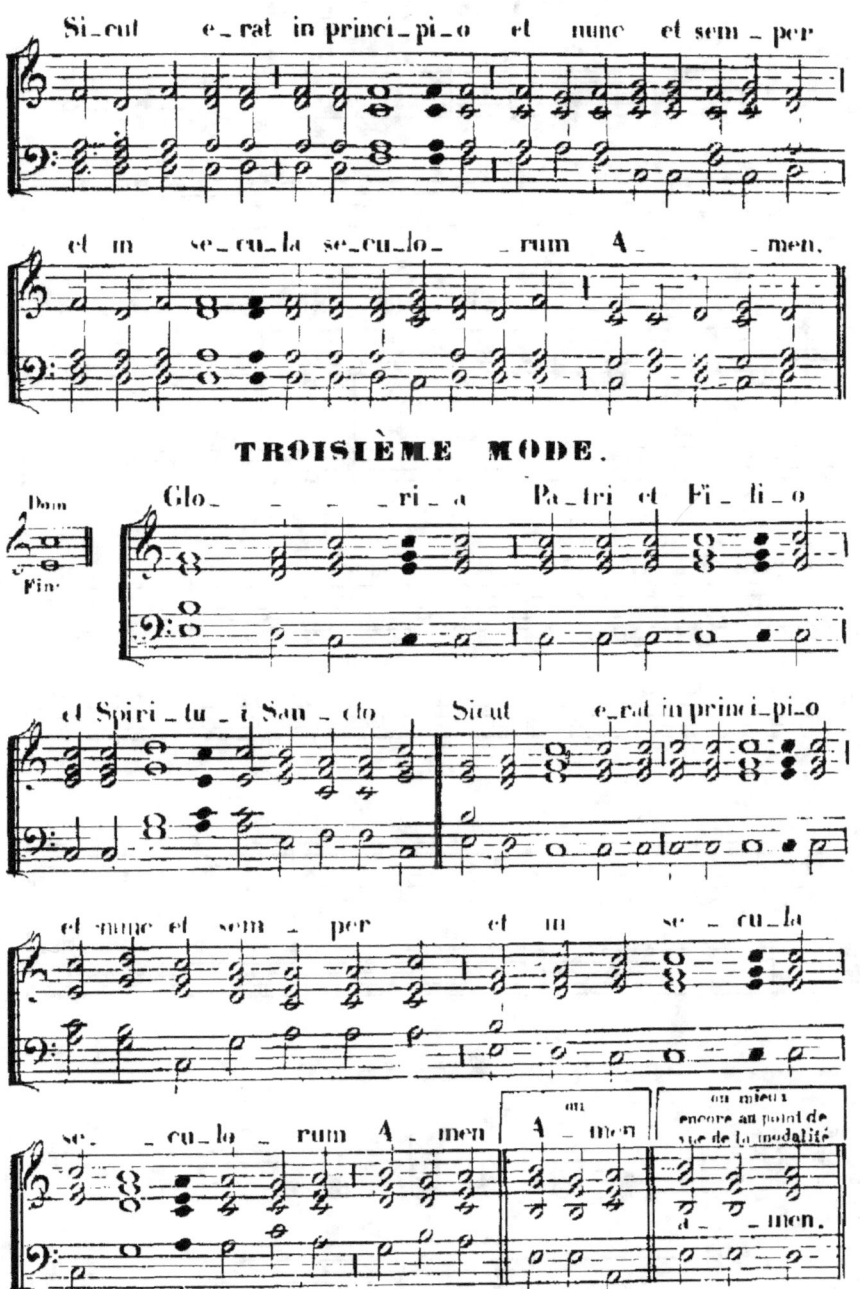

TROISIÈME MODE.

QUATRIÈME MODE.

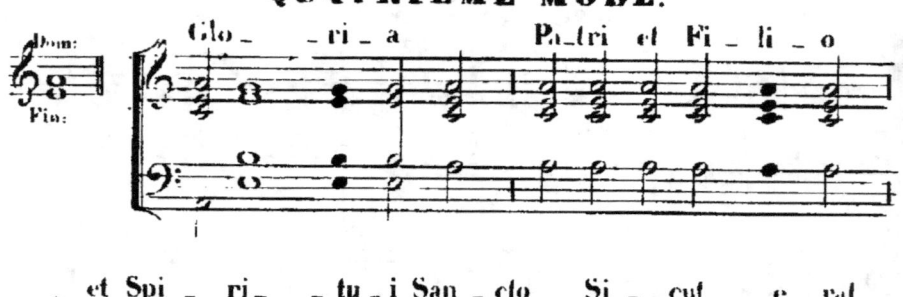

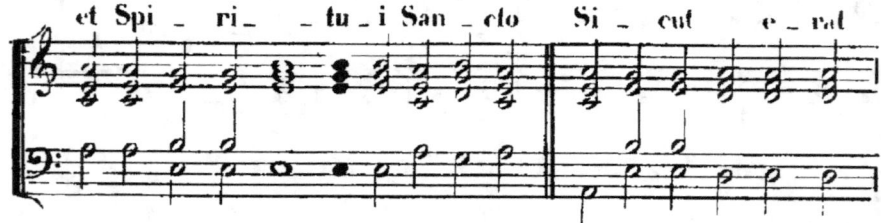

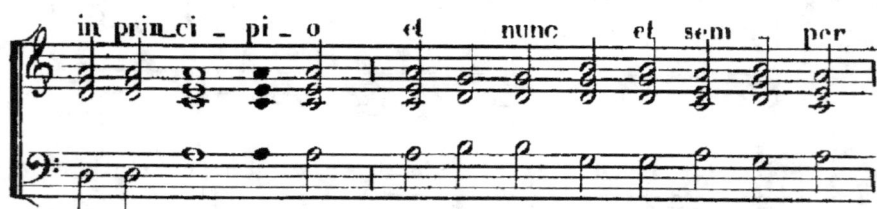

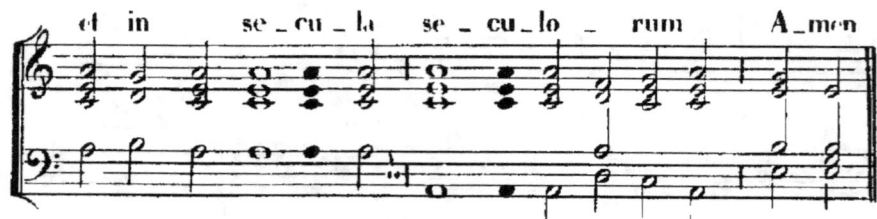

CINQUIÈME MODE.

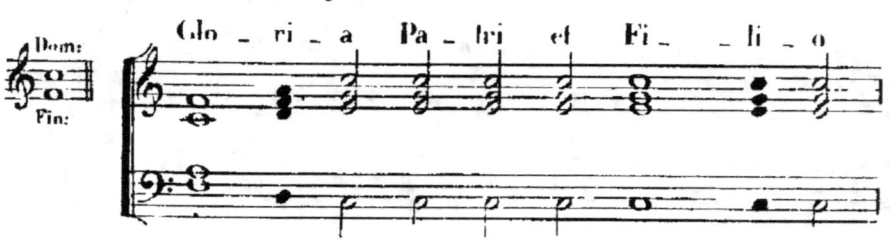

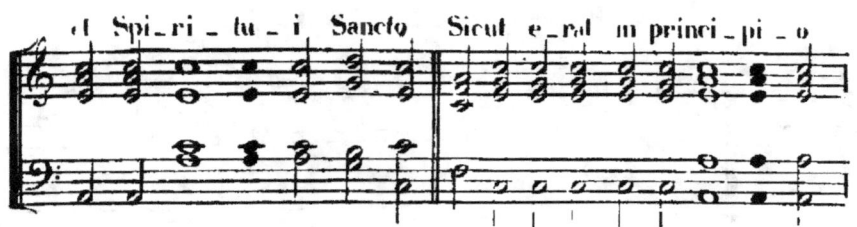

et Spi_ri_tu_i Sancto   Sicut e_rat in princi_pi_o

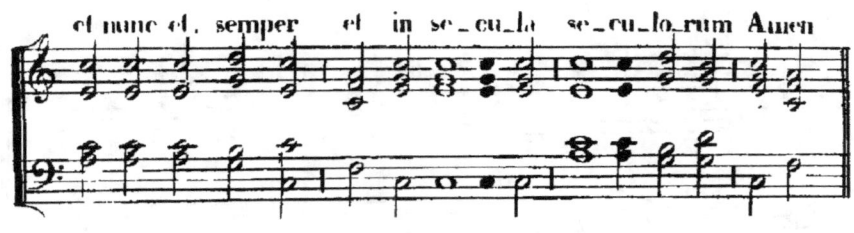

et nunc et_ semper   et in se_cu_la se_cu_lo_rum Amen

SIXIÈME MODE.

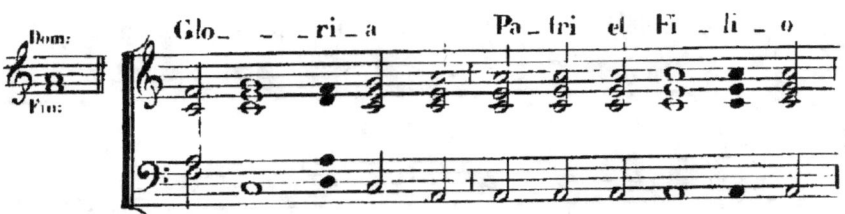

Glo_ _ri_a   Pa_tri et Fi_li_o

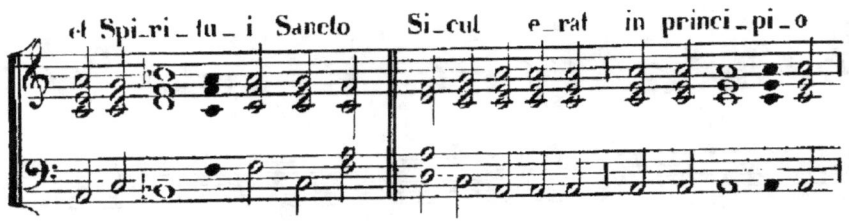

et Spi_ri_tu_i Sancto   Si_cut e_rat in princi_pi_o

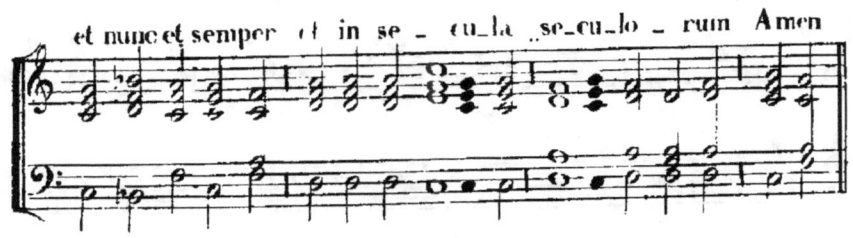

et nunc et semper et in se _ cu_la _se_cu_lo_rum Amen

SEPTIÈME MODE.

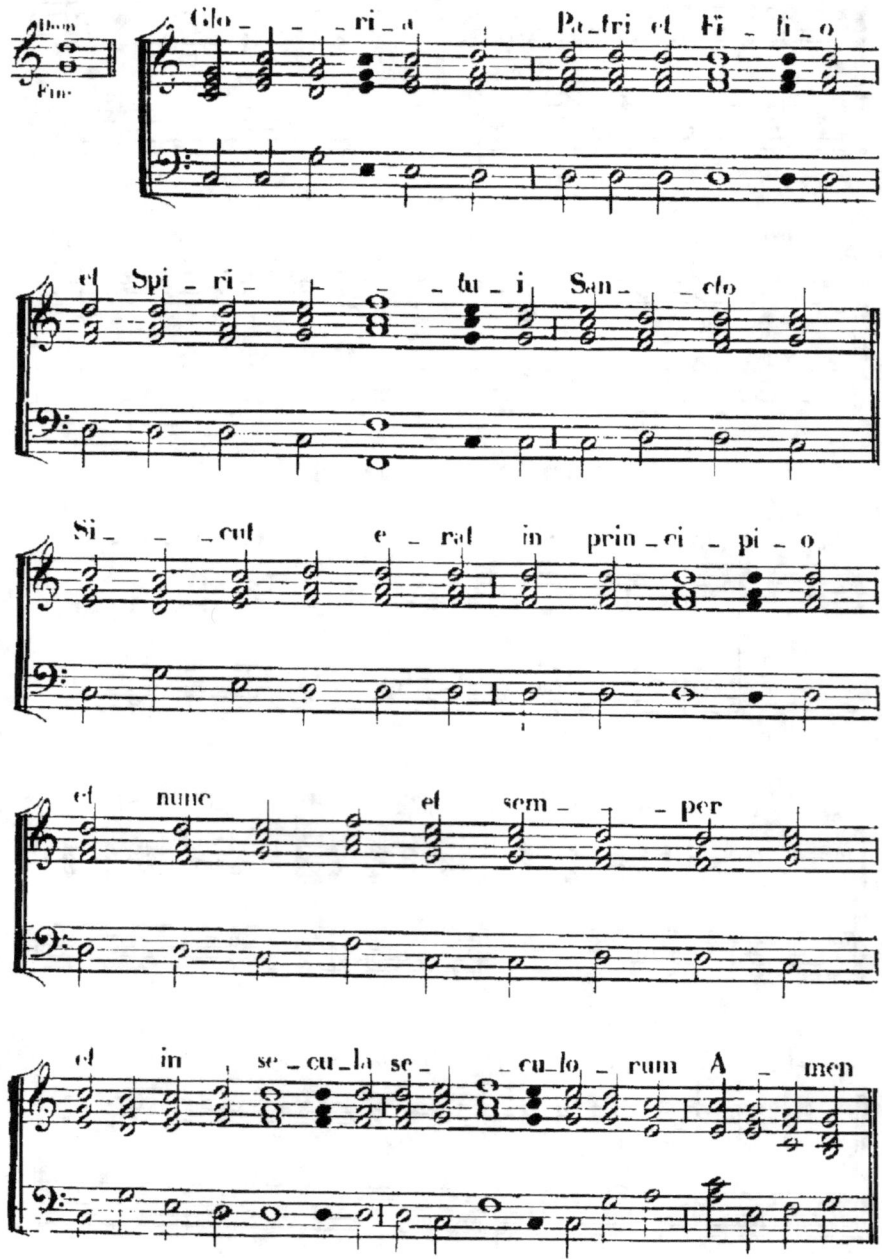

HUITIÈME MODE.

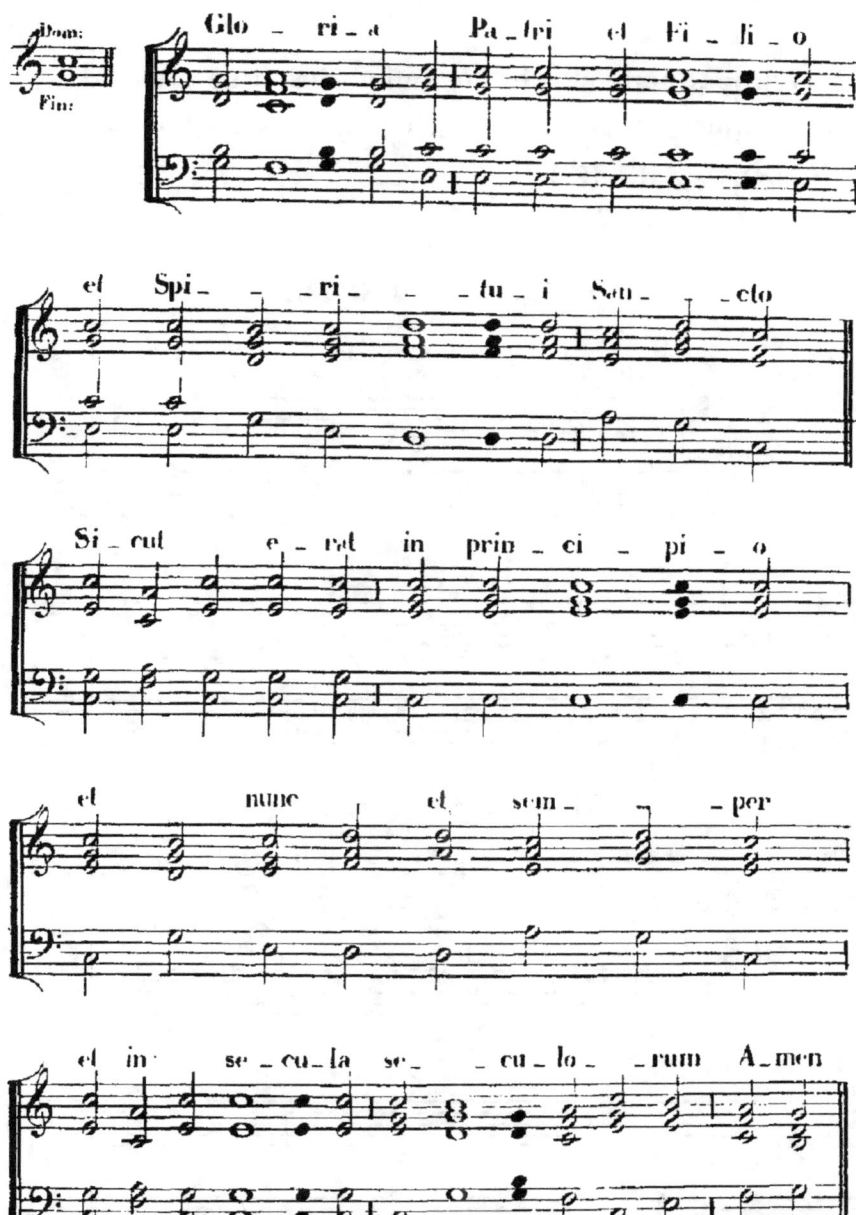

FORMULES DES HUIT MODES.

Accompagnement des formules des huit modes telles que *D. JUMILHAC* les a données d'après *GUIDO D'AREZZO*.

PREMIER MODE.

DEUXIÈME MODE.

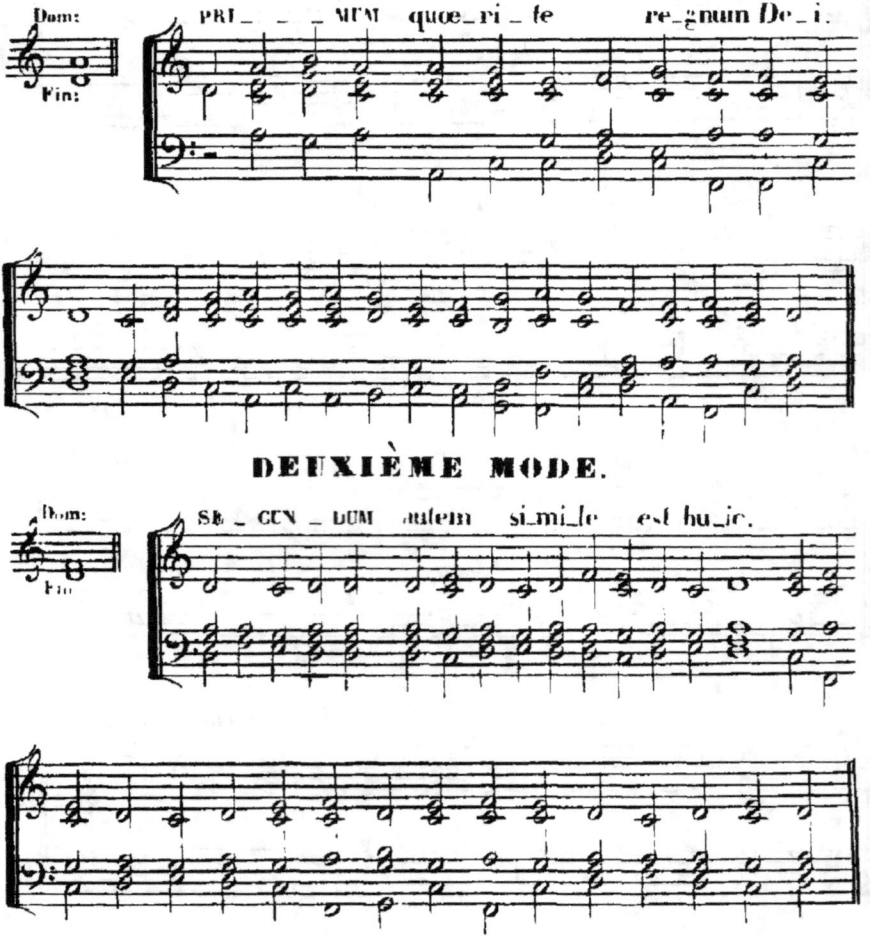

TROISIÈME MODE.

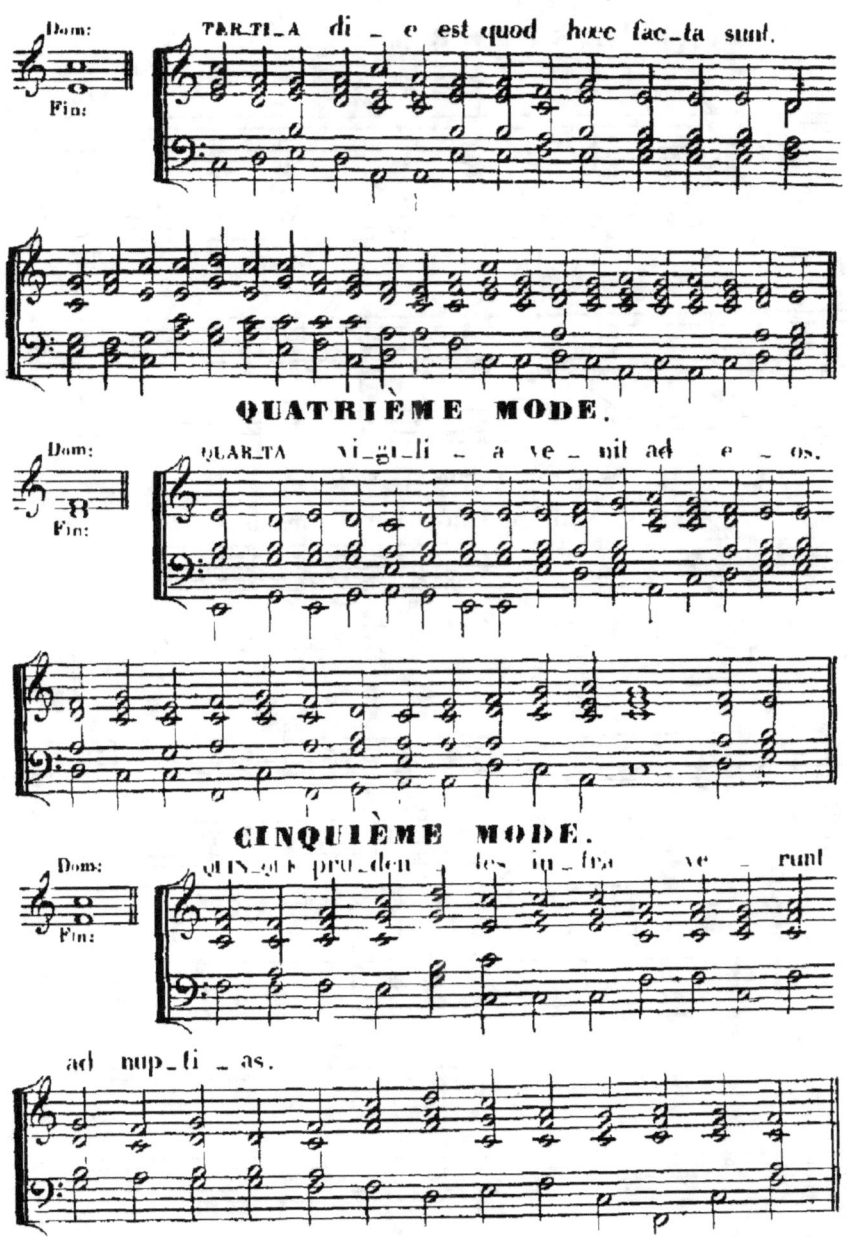

QUATRIÈME MODE.

CINQUIÈME MODE.

SIXIÈME MODE.

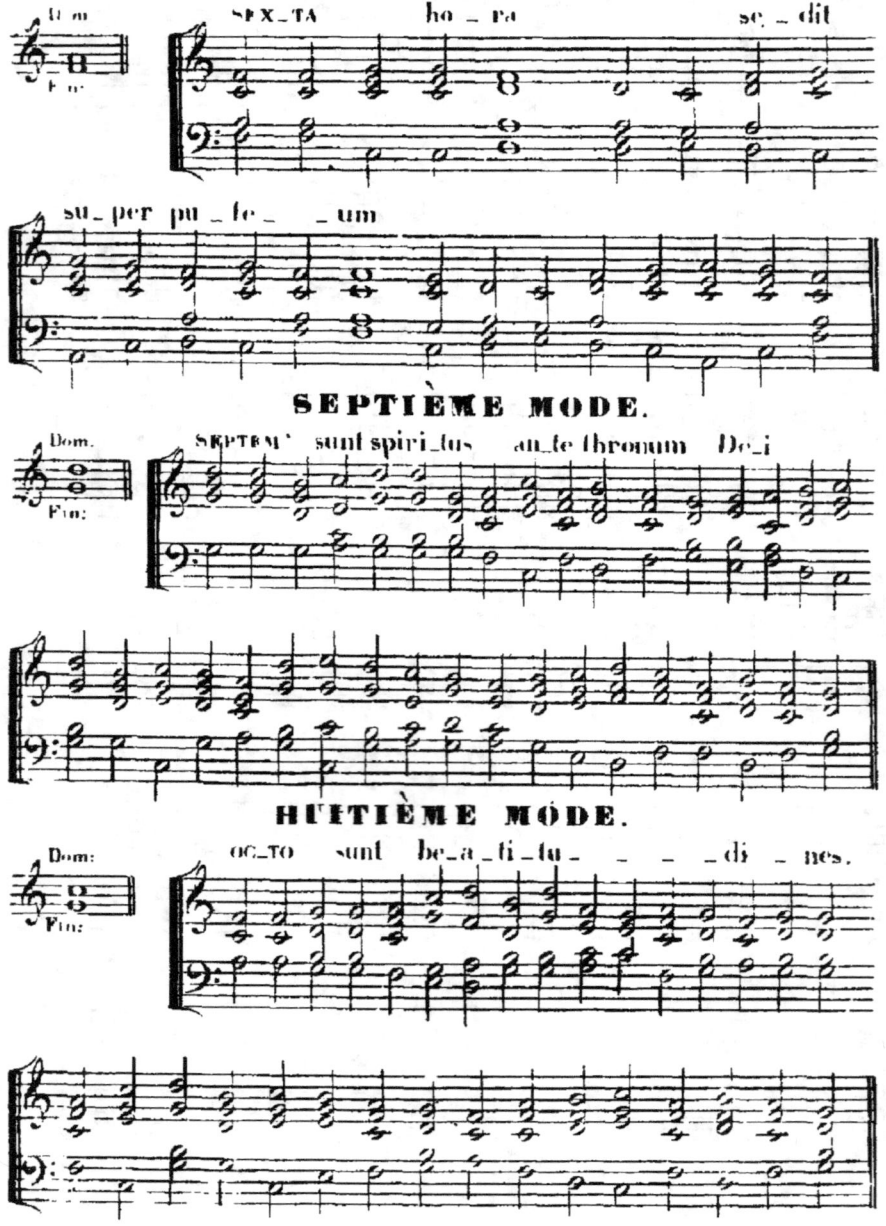

SEPTIÈME MODE.

HUITIÈME MODE.

Heugel et Cie Éditeurs.   Imp. Michelet, r. du Hasard 6.

FORMULES
du
TE DEUM.

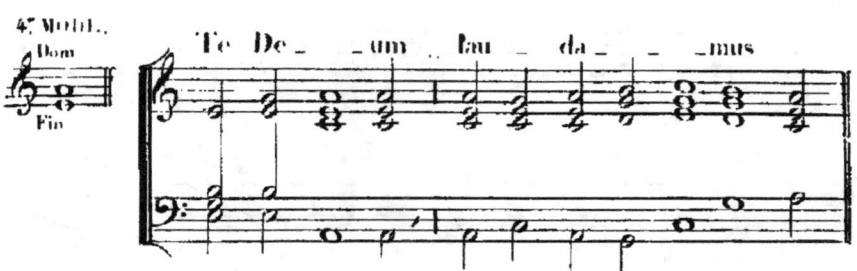

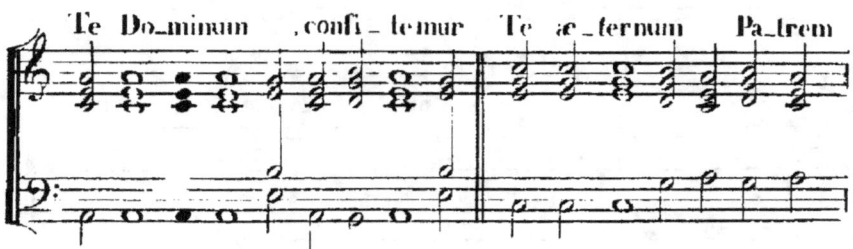

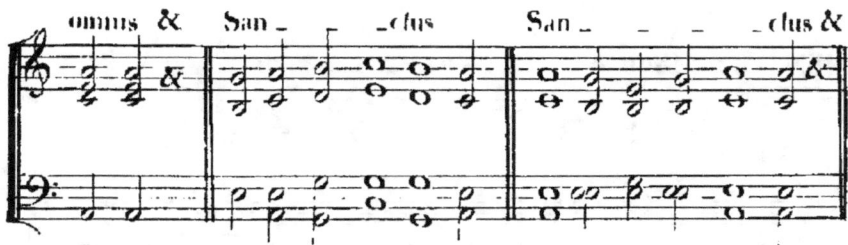

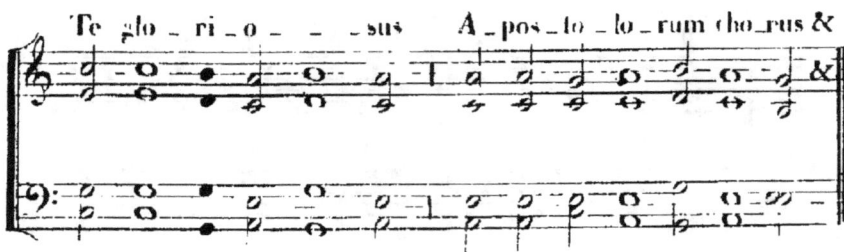

FORMULES DU TE DEUM.

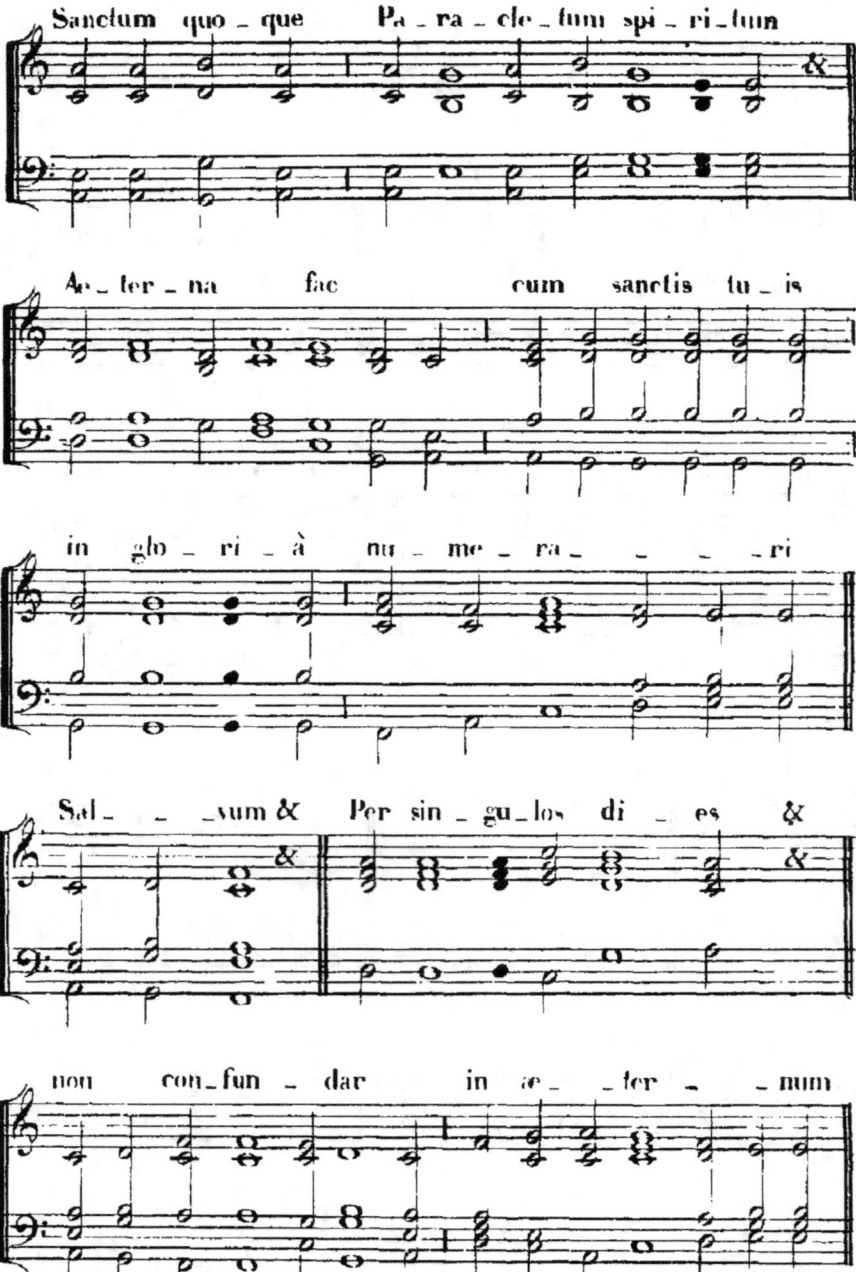

MORCEAUX DE PLAIN-CHANT

DES DIVERS MODES ✤

PANIS ANGELICUS.

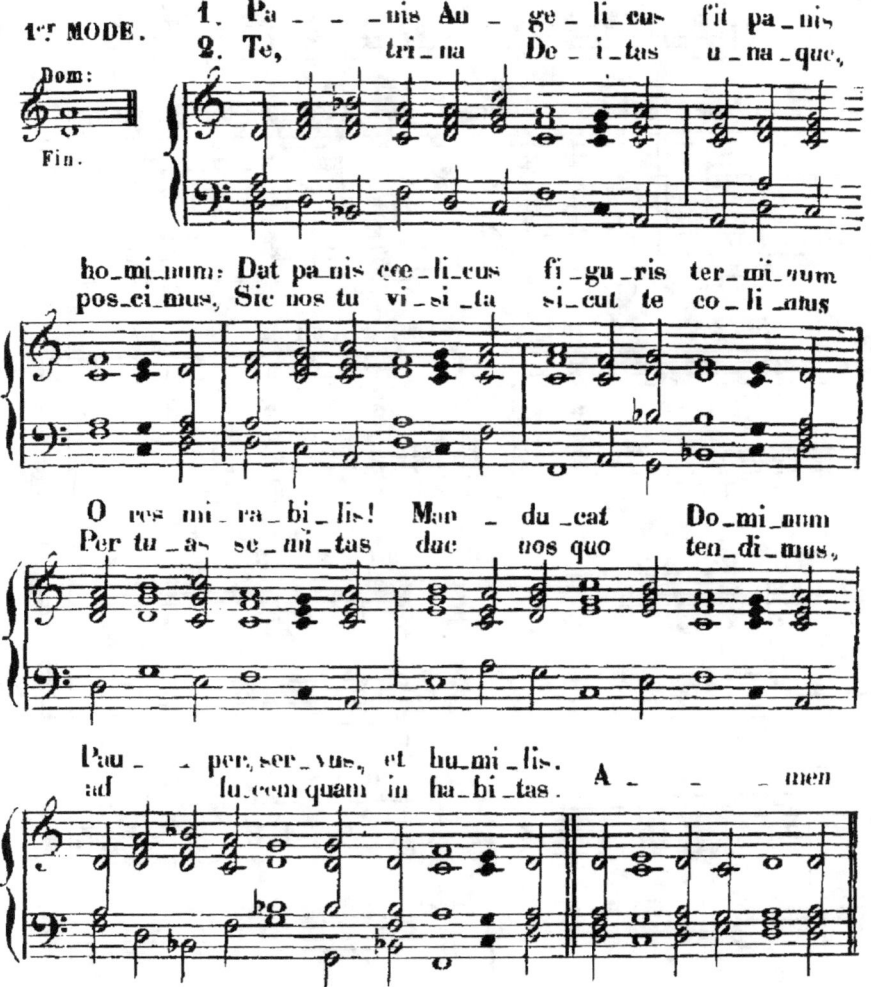

1. Pa — — nis An — ge — li — cus fit pa — nis
2. Te, tri — na De — i — tas u — na — que,

ho — mi — num: Dat panis cœ — li — cus fi — gu — ris ter — mi — num
pos — ci — mus, Sic nos tu vi — si — ta si — cut te co — li — mus

O res mi — ra — bi — lis! Man — du — cat Do — mi — num
Per tu — as se — mi — tas duc nos quo ten — di — mus,

Pau — per, ser — vus, et hu — mi — lis. A — — — men
ad lu — cem quam in ha — bi — tas.

✤ Ces morceaux des huit modes sont extraits des livres de *VALFRAY* édités par *Adrien
Le Clère à Paris* et harmonisés, d'après les principes du traité théorique et pratique
de l'accompagnement du Plain Chant de MM. *L. NIEDERMEYER* et *J. d'ORTIGUE*,
par M. *Eugène GIGOUT*, organiste du grand orgue de S! Augustin et professeur de Plain-
Chant et d'harmonie à l'école de musique religieuse fondée par *L. NIEDERMEYER*, et
dirigée aujourd'hui par M! *G. LEFÈVRE.*

LIBERA (OFFICE DES MORTS.)

2ᵉ MODE.

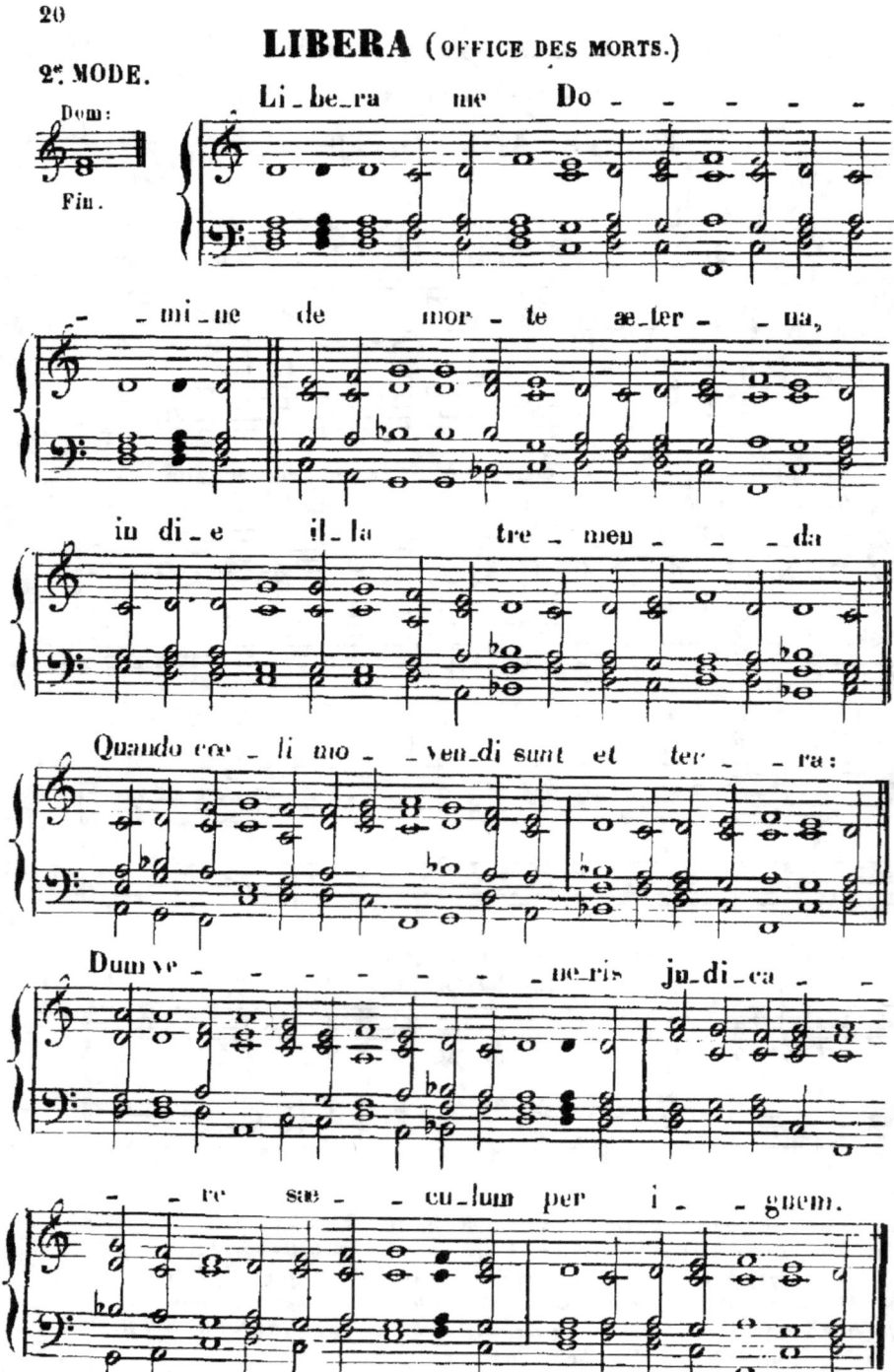

H

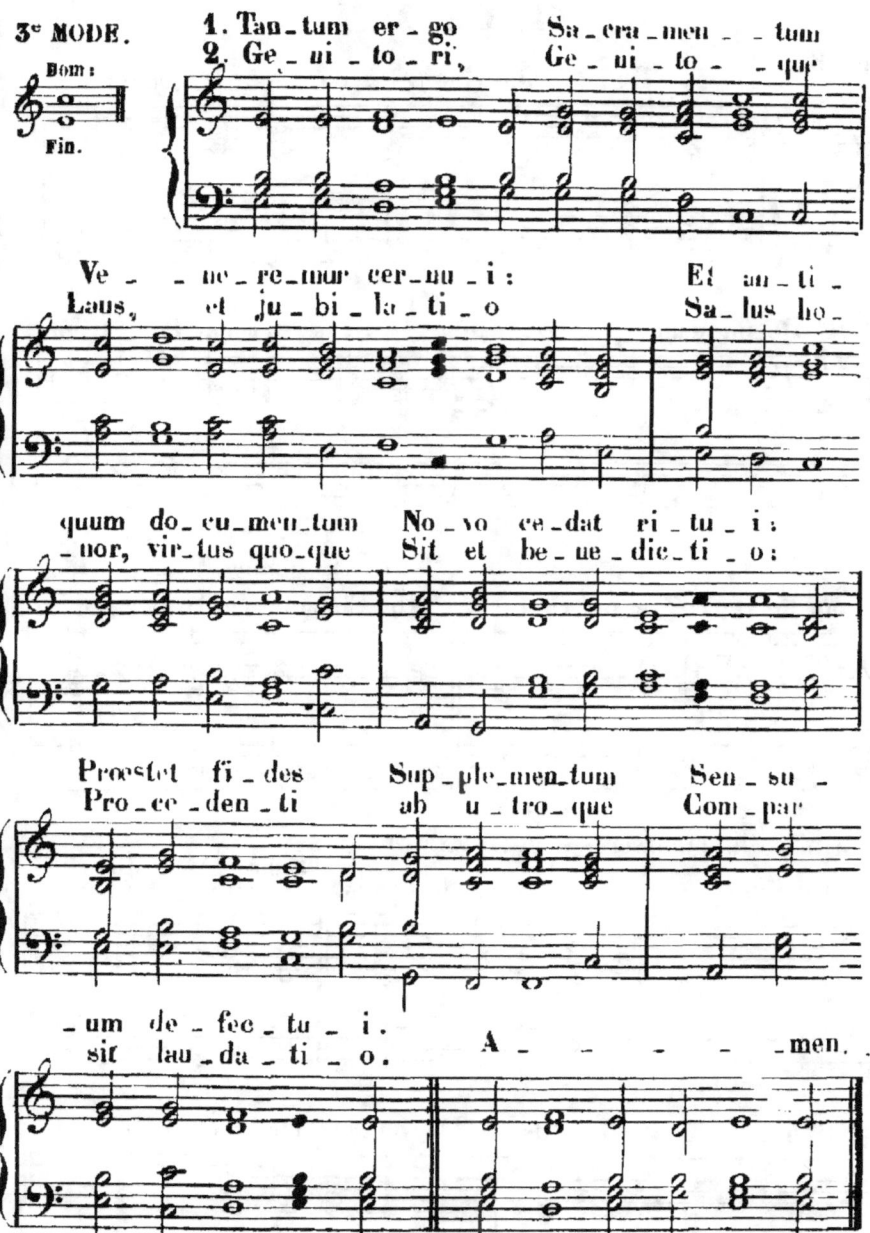

TANTUM ERGO.

3e MODE.

Dom:

Fin.

1. Tan_tum er_go Sa_cra_men__tum
2. Ge_ni_to_ri, Ge_ni_to__que

Ve___ne_re_mur cer_nu_i: Et an_ti_
Laus, et ju_bi_la_ti_o Sa_lus ho_

quum do_cu_men_tum No_vo ce_dat ri_tu_i:
_nor, vir_tus quo_que Sit et be_ne_dic_ti_o:

Proestet fi_des Sup_ple_men_tum Sen_su_
Pro_ce_den_ti ab u_tro_que Com_par

_um de_fec_tu_i. A_____men.
sit lau_da_ti_o.

4ᵉ MODE.

TE DEUM.

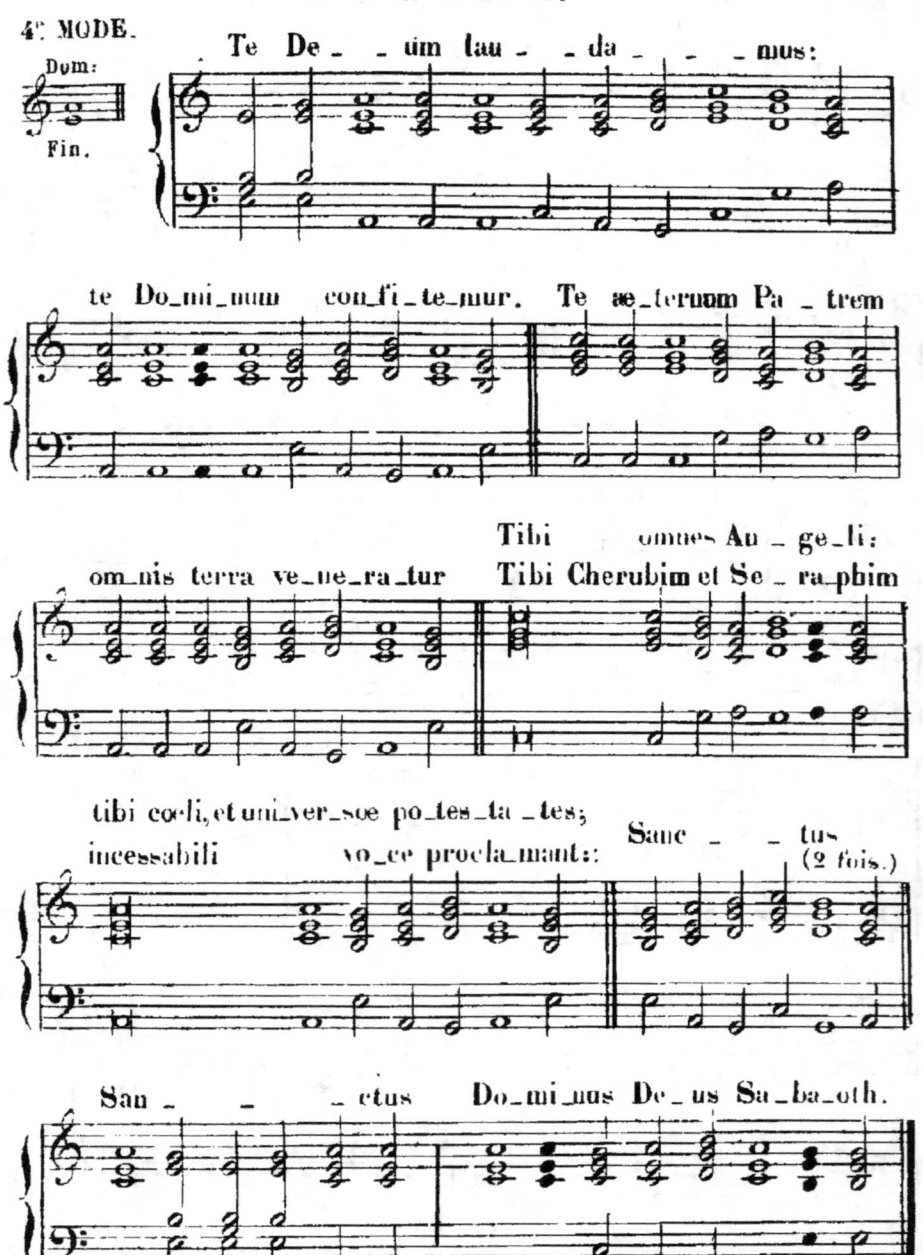

TE DEUM.

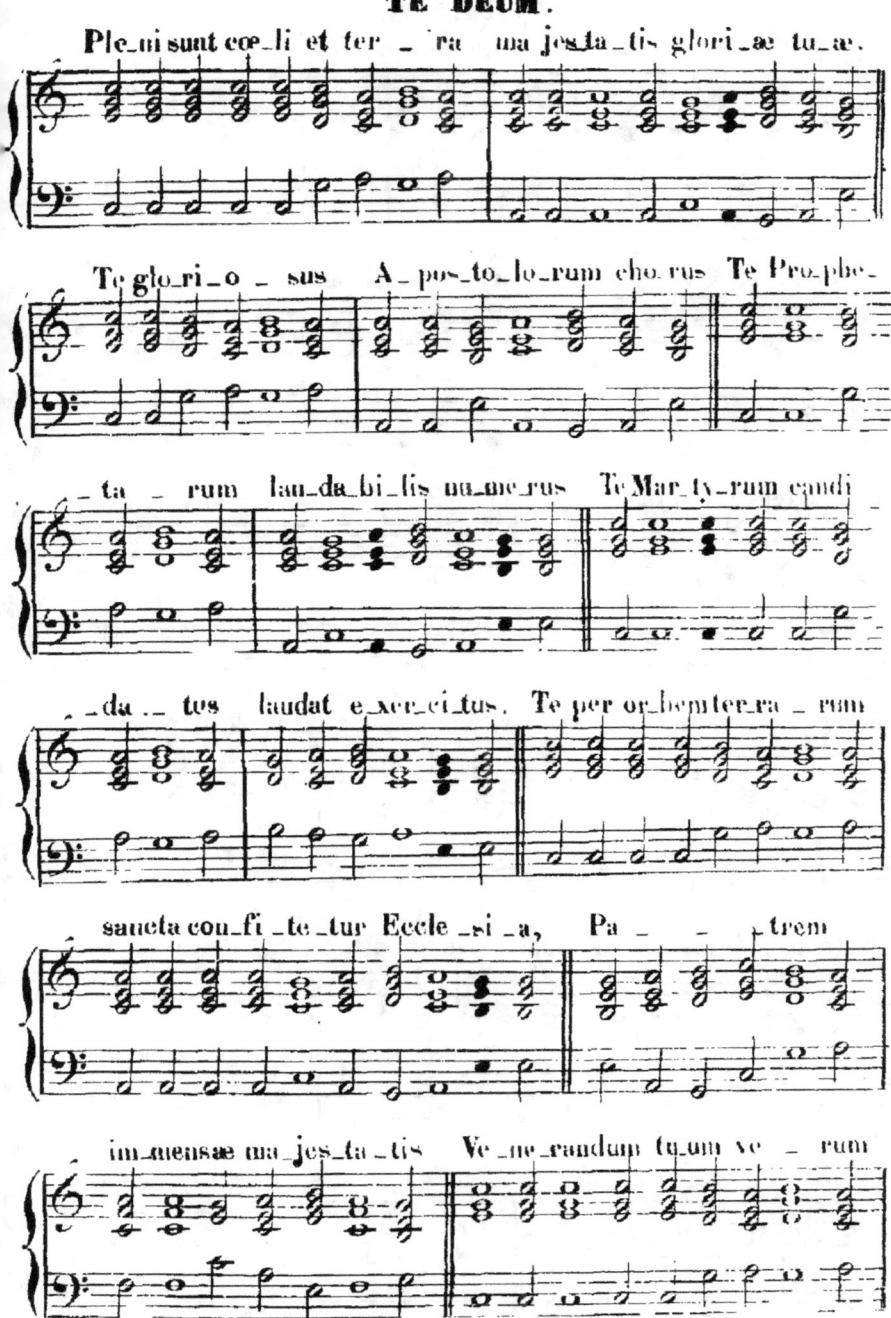

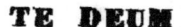

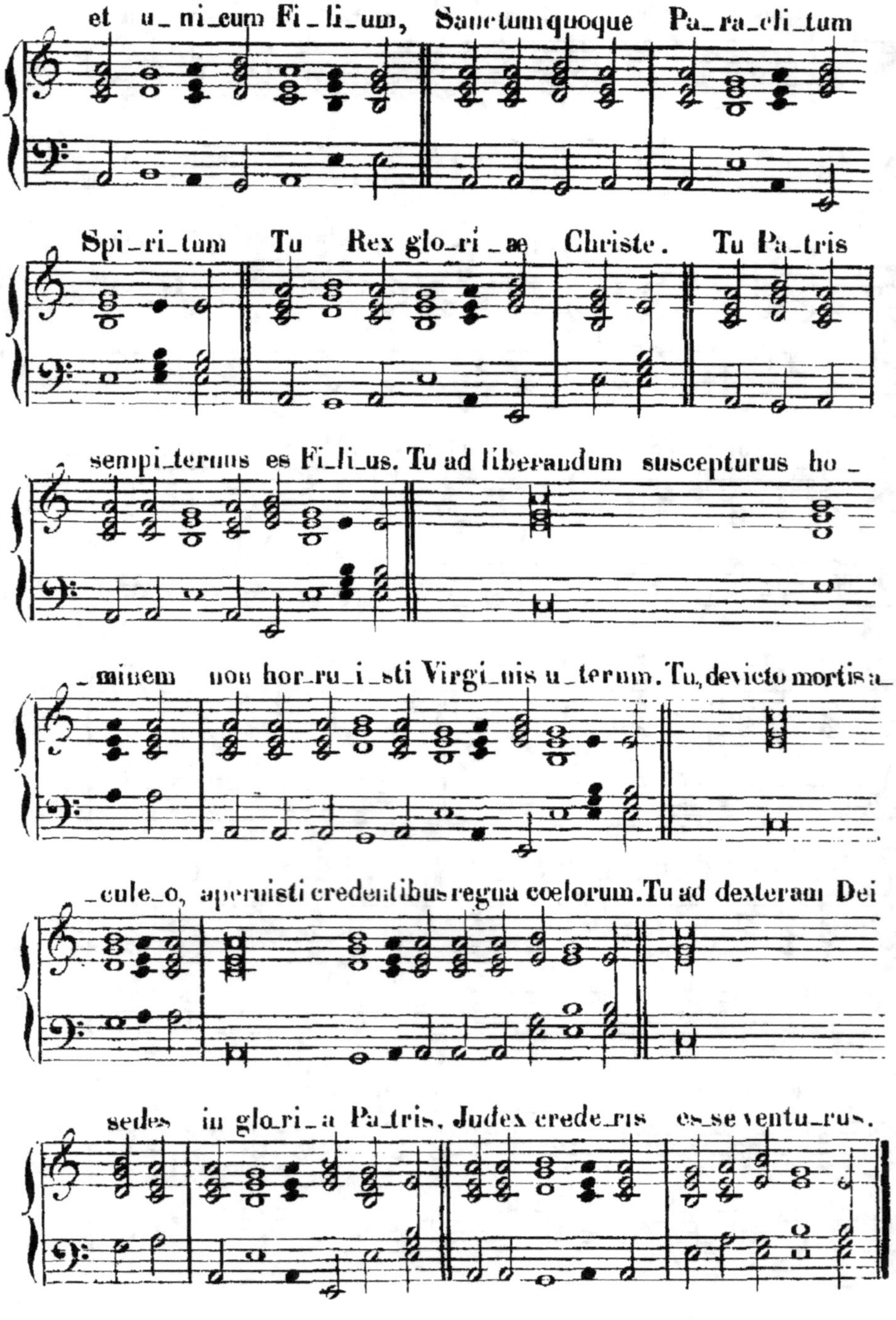

TE DEUM.

et u_ni_cum Fi_li_um, Sanctumquoque Pa_ra_cli_tum

Spi_ri_tum Tu Rex glo_ri_æ Christe. Tu Pa_tris

sempi_ternus es Fi_li_us. Tu ad liberandum suscepturus ho_

_minem non hor_ru_i_sti Virgi_nis u_terum. Tu, devicto mortis a_

_cule_o, aperuisti credentibus regna coelorum. Tu ad dexteram Dei

sedes in glo_ri_a Pa_tris. Judex crede_ris es_se ventu_rus.

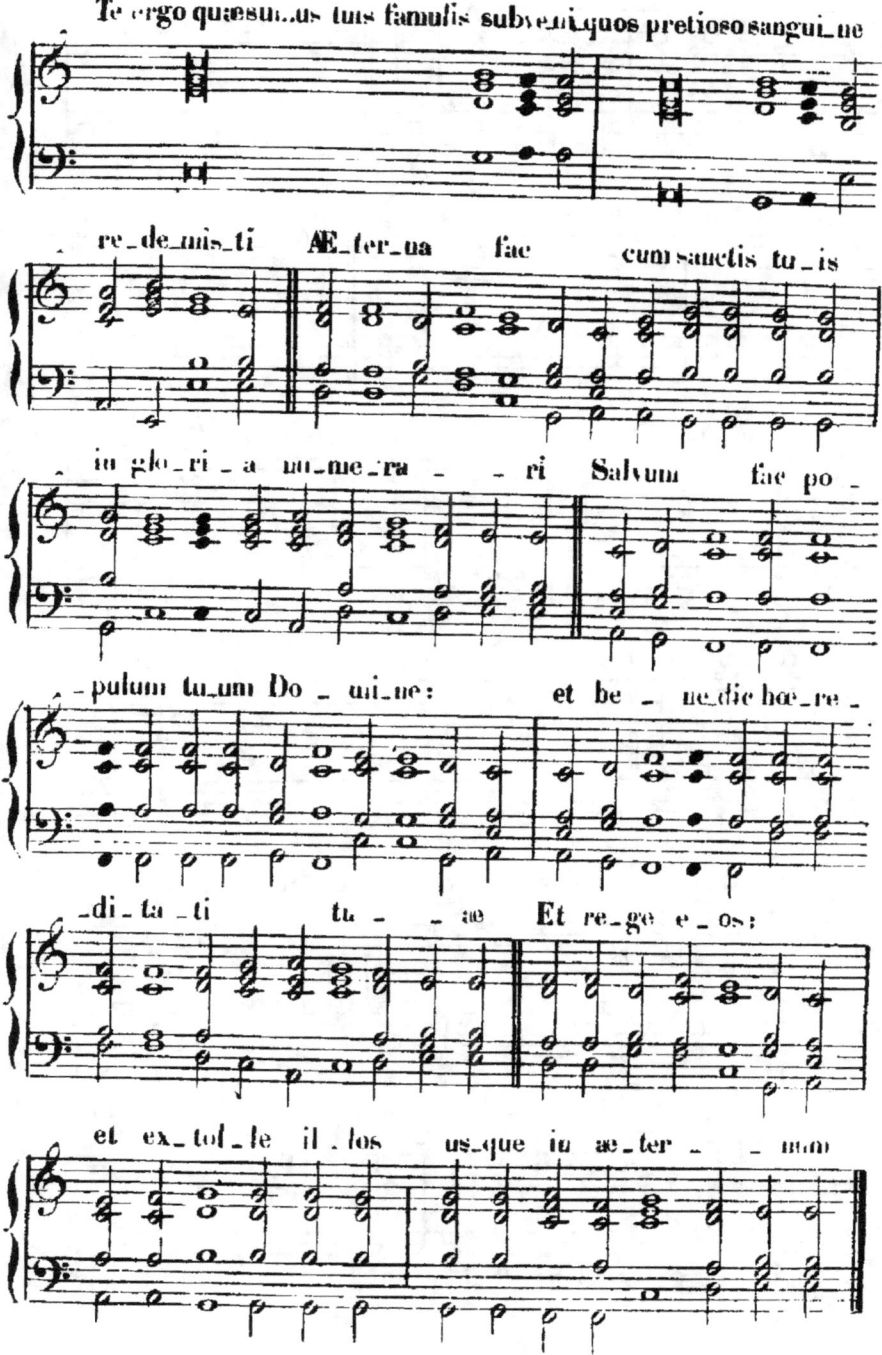

TE DEUM

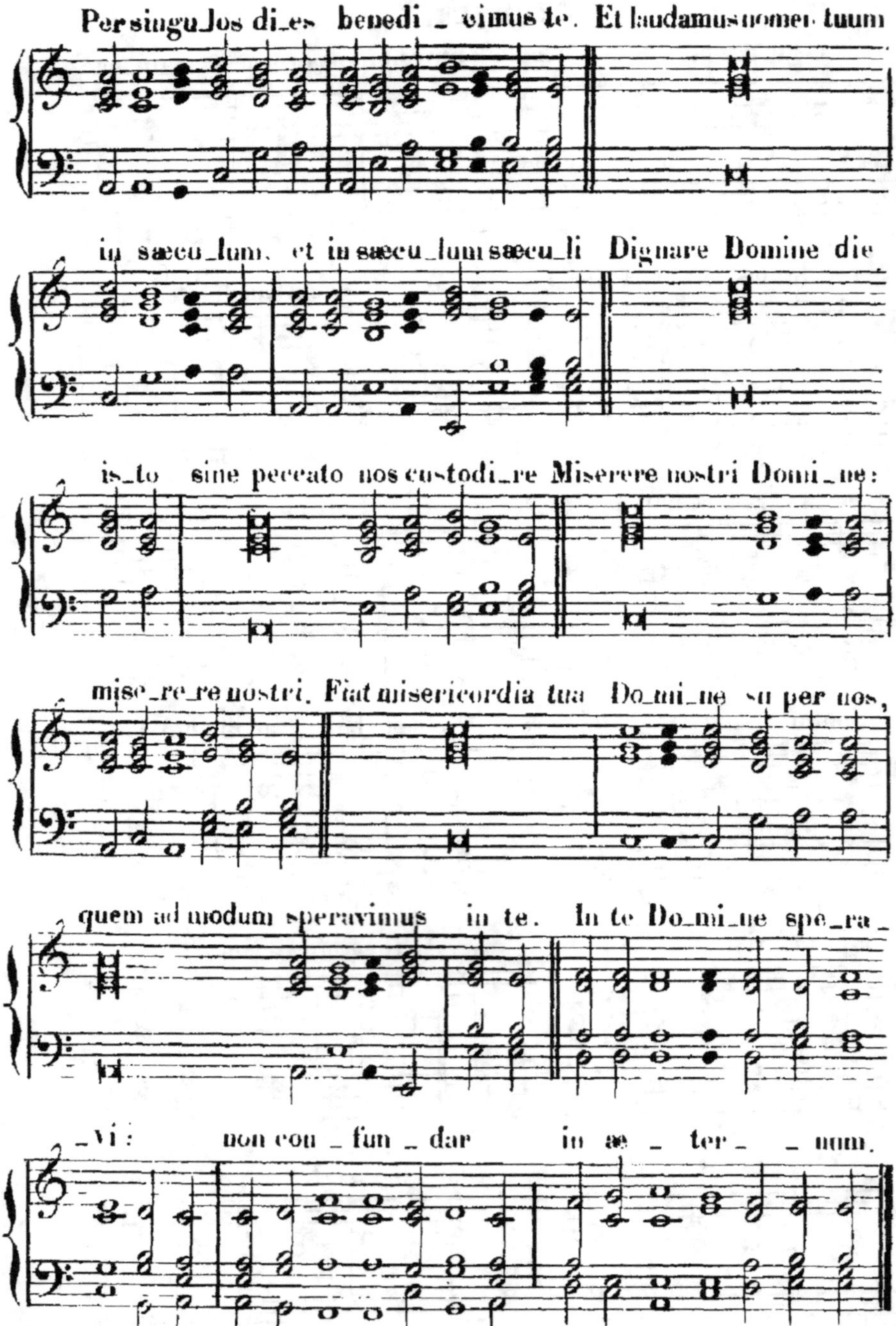

Per singulos di_es benedi _ cimus te. Et laudamus nomen tuum

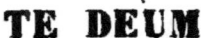

in saecu_lum, et in saecu_lum saecu_li Dignare Domine die

is_to sine peccato nos custodi_re Miserere nostri Domi_ne:

mise_re_re nostri. Fiat misericordia tua Do_mi_ne su per nos,

quem ad modum speravimus in te. In te Do_mi_ne spe_ra_

_vi: non con _ fun _ dar in ae _ ter_ _ num.

ADORO TE.

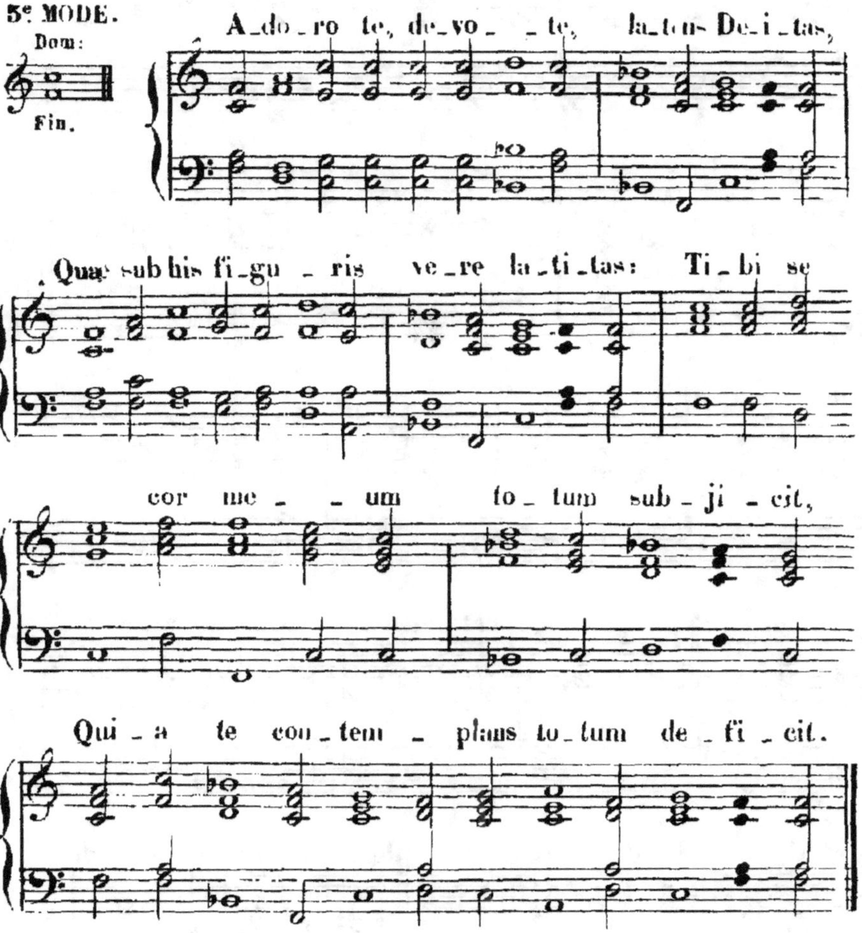

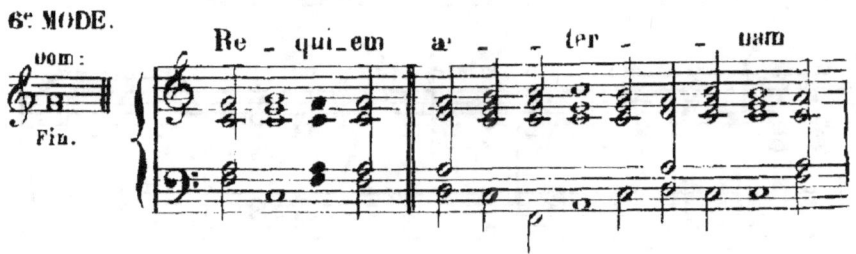

REQUIEM (OFFICE DES MORTS.)

REQUIEM

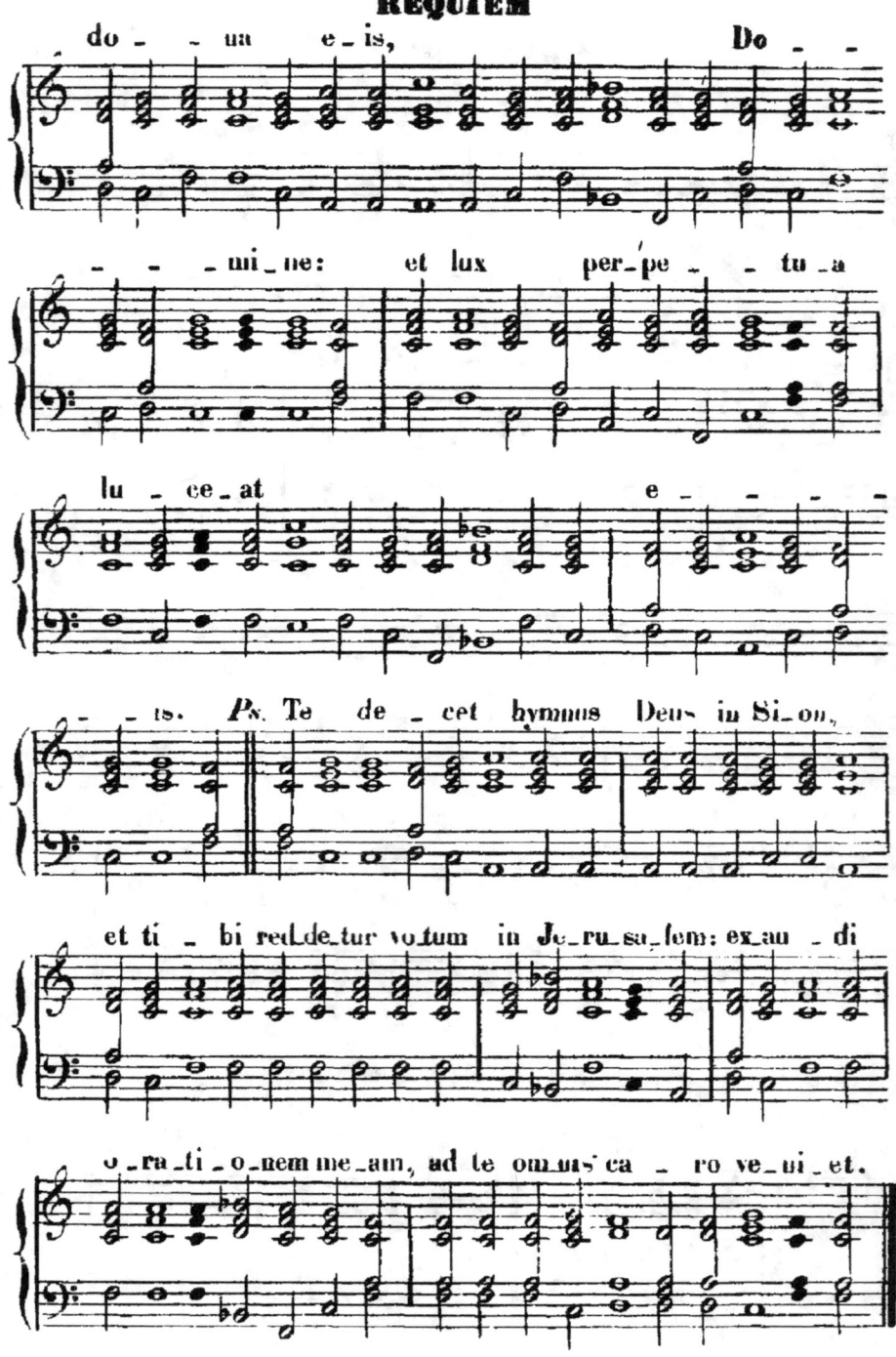

ASPERGES.

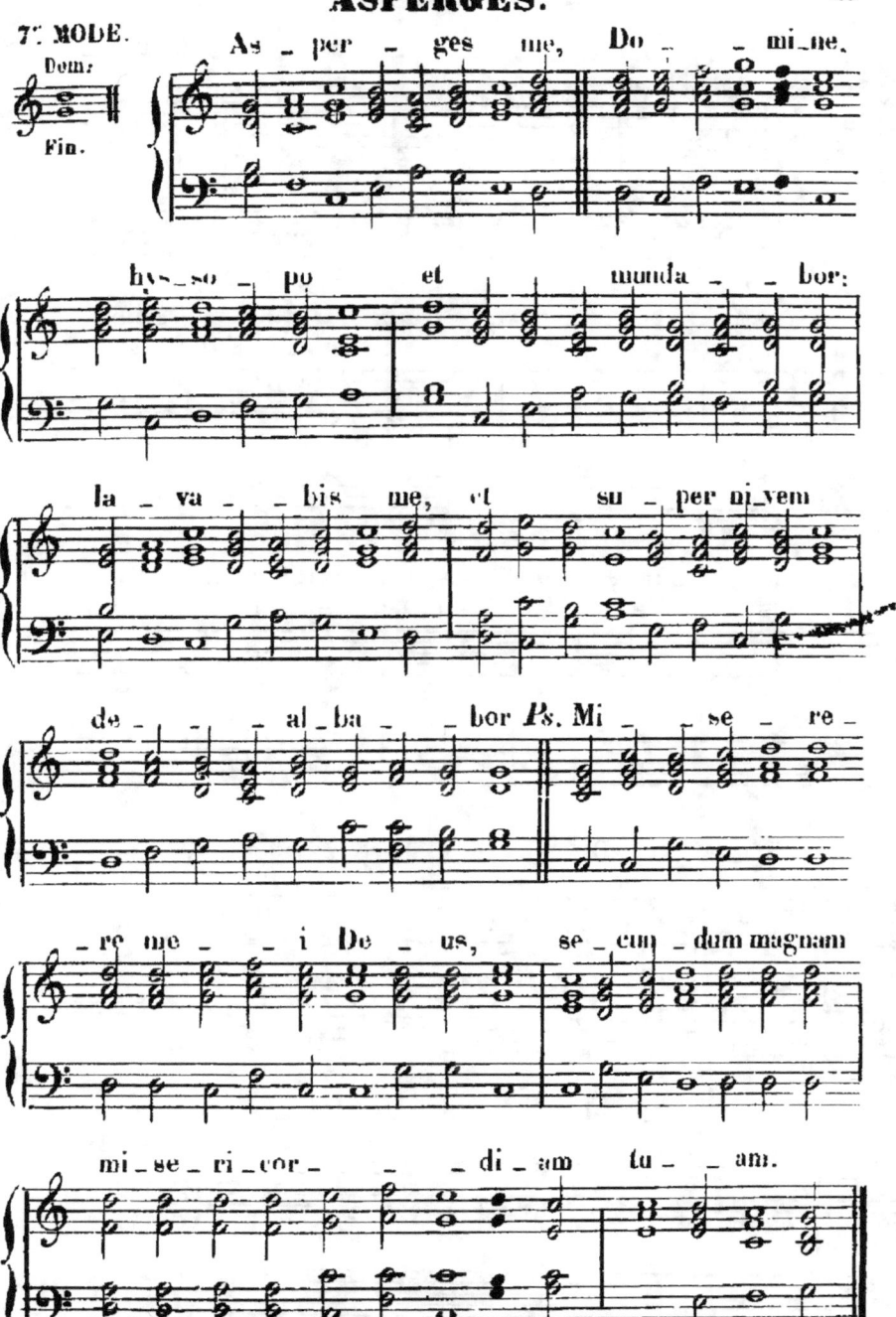

O SALUTARIS.

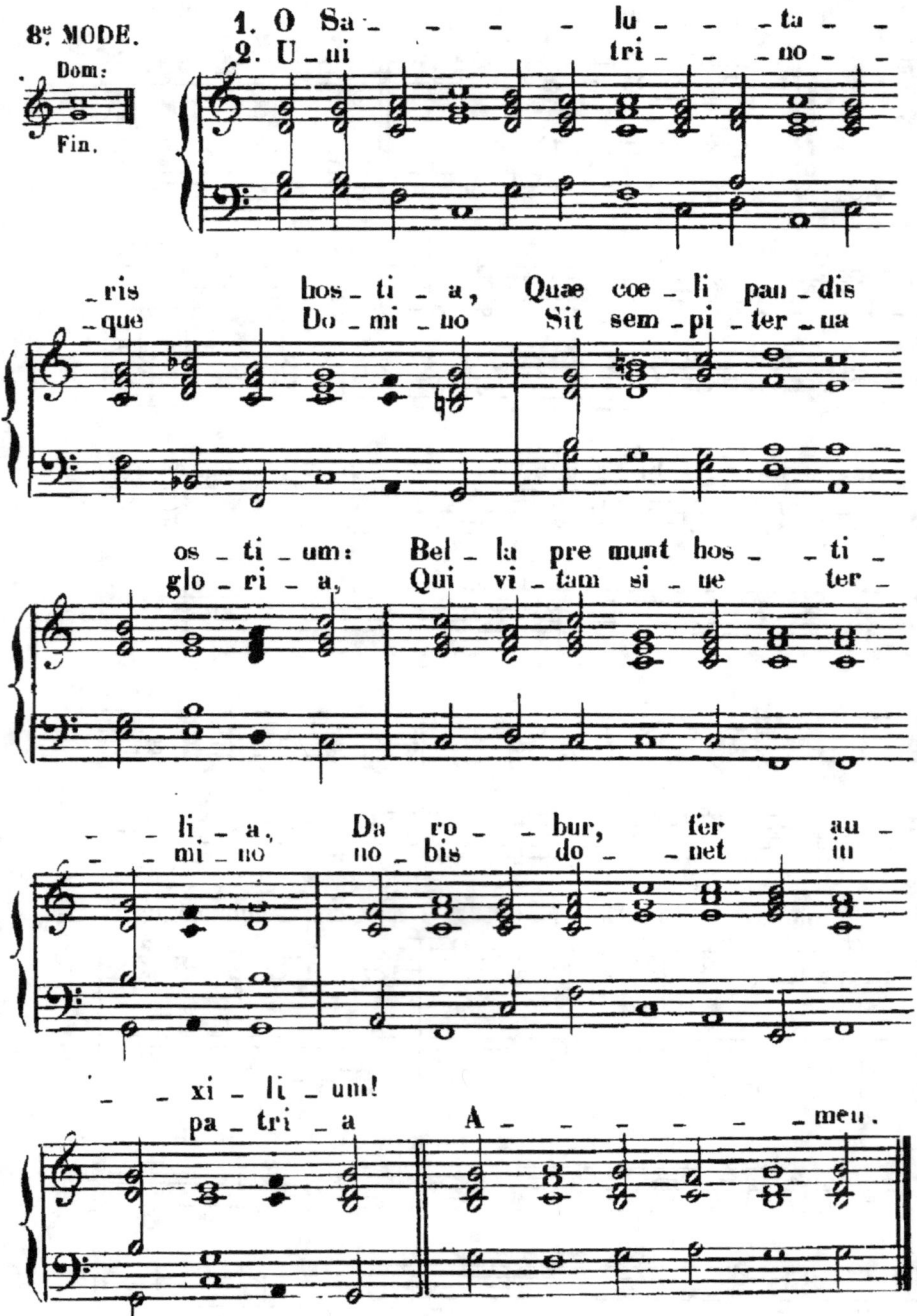

8e MODE.

Dom:

Fin.

1. O Sa — — — lu — ta —
2. U — ni tri — no —

— ris hos — ti — a, Quae coe — li pan — dis
— que Do — mi — no Sit sem — pi — ter — ua

os — ti — um: Bel — la pre munt hos — — ti —
glo — ri — a, Qui vi — tam si — ue ter —

— li — a, Da ro — bur, fer au —
— mi — no no — bis do — — net iu

— — xi — li — um!
pa — tri — a A — — — — — — — meu.

O SALUTARIS

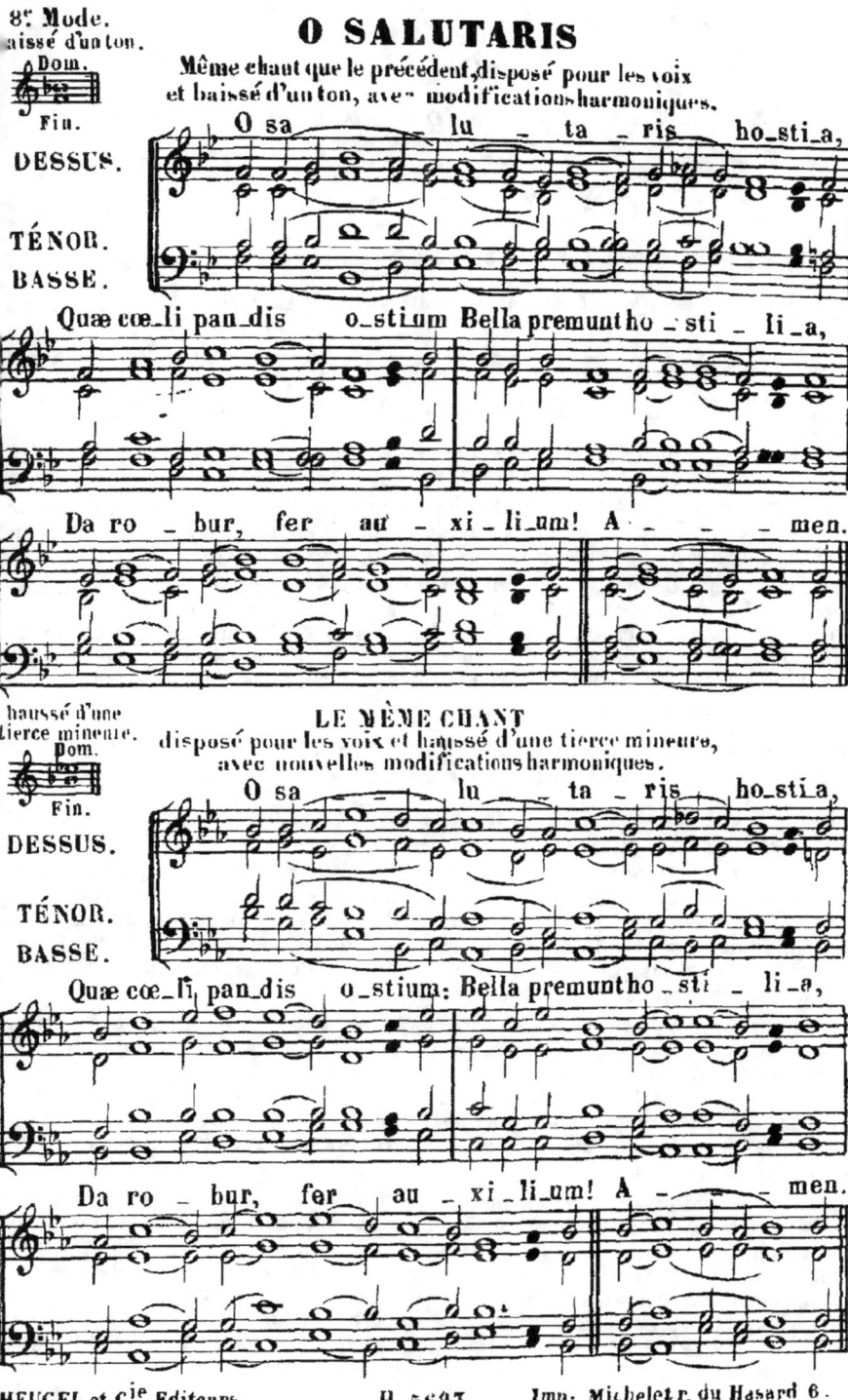

HEUGEL et Cie. Editeurs.   H. 5623.   Imp. Michelet r. du Hasard 6.

DU GRADUEL & DU VESPÉRAL

ROMAINS

HARMONISÉS A QUATRE VOIX AVEC RÉDUCTION D'ORGUE AD LIBITUM

PAR

EUGÈNE GIGOUT

Professeur à l'École de musique religieuse, Organiste du grand orgue de Saint-Augustin.

Ouvrage divisé en Trois Parties : OFFICE DU MATIN, ORDINAIRE DE LA MESSE, OFFICE DU SOIR

EXTRAITS DE L'AVERTISSEMENT DE L'AUTEUR

L'introduction, dans le domaine musical, de l'élément chromatique et dissonant eut pour conséquence l'altération de la tonalité ecclésiastique ; celle-ci, en jonchant de ses débris la voie ouverte par les novateurs, perdit peu à peu son caractère distinctif.

De l'aveu des défenseurs de notre belle mélopée religieuse, l'antique tradition grégorienne, de plus en plus délaissée, était condamnée à disparaître : un musicien de génie sauva le chant liturgique, en l'entourant d'une harmonie basée sur la constitution du système ecclésiastique , et destinée à le garantir contre les empiétements de la musique profane et à lui assurer une existence entièrement indépendante de l'art moderne.

La proclamation, par Louis Niedermeyer, de ce principe, le seul logique :

**Nécessité, dans l'accompagnement du plain-chant, de l'emploi exclusif
des notes de l'échelle**

et les lois naturelles qui en découlent, furent le point de départ d'une ère nouvelle pour le chant grégorien.

Ce fait, de la plus haute importance pour l'avenir de l'art religieux, et qui assure au *Traité théorique et pratique de l'accompagnement du plain-chant* de Louis Niedermeyer et Joseph d'Ortigue une place à part dans les annales de la science musicale au dix-neuvième siècle, a déjà donné, en grande partie, les résultats sur lesquels comptait le fondateur de l'École de musique religieuse de Paris, le créateur de *la Maîtrise*, l'auteur de l'*Accompagnement pour orgue des Offices de l'Église*.

En publiant aujourd'hui les principaux *Chants du Graduel et du Vespéral romains*, harmonisés à quatre parties, suivant les principes posés par L. Niedermeyer, mon but est de venir en aide aux maîtres de chapelle qui, partageant nos idées, mais n'ayant pas le loisir d'harmoniser eux-mêmes leurs plains-chants, sont encore dans l'obligation de faire usage de faux-bourdons ne répondant plus à leurs aspirations : ce recueil contribuera, j'en ai l'espoir, à la propagation des doctrines qu'a révélées au monde musical l'illustre auteur de tant de belles œuvres.....

En me décidant à harmoniser tous les morceaux de cet ouvrage indistinctement à 4 parties, hormis les *Credo*, où il y a place pour une voix seule (Soprano ou Ténor) devant alterner avec le chœur, j'ai voulu être utile à la généralité des maîtres de chapelle qui seront ainsi à même de pouvoir toujours faire exécuter en parties, selon qu'ils l'entendront, les principales pièces de l'office. Ils seront juges de l'opportunité qu'il y aura à transformer, selon le cas, les *Soli* et *Tutti* en une intervention du grand orgue, ou de l'orgue de chœur, ou même encore, s'il y a lieu, d'une voix d'homme ou d'enfant avec ou sans accompagnement.....

(¹) La plupart des morceaux que renferme le présent ouvrage, dont le texte a été extrait des livres de M. Vatar, de Rennes en usage dans plusieurs diocèses, étant , pour la note, identiquement conformes à ceux des diverses éditions connues , cette publication pourra être utile à toutes les églises, sans exception. Il suffira d'y apporter les quelques légères modifications que pourraient motiver, par-ci par-là, les différences d'éditions.....

MUSIQUE D'ÉGLISE

Niedermeyer et J. d'Ortigue. — Traité théorique et pratique de l'accompagnement du plain-chant. Nouvelle édition soigneusement revue et augmentée : 1° des divers modes du chant des psaumes et des cantiques ; 2° d'exemples de plain-chant des huit modes, harmonisés d'après les principes du traité d'accompagnement du plain-chant de L. Niedermeyer et J. d'Ortigue, par M. Eugène Gigout, professeur à l'École de musique religieuse et organiste du grand orgue de Saint-Augustin. 1 vol. in-8°, net. . . . . 7 »

Gigout. — *Chants du Graduel et du Vespéral romain* harmonisés à 4 voix avec réduction d'orgue, d'après les principes du traité théorique et pratique de l'accompagnement du plain-chant de Niedermeyer et d'Ortigue. — (Ouvrage divisé en 3 livres, in-8°.) Les trois livres réunis, net. 15 »

OFFICES DU MATIN

1ᵉʳ livre : — le *Chant des Répons de la Préface* ; celui de l'*O salutaris !* pour l'Élévation ; les *Introït* et *Alleluia* des principales fêtes de l'année ; les *Graduels* du Jeudi saint et du jour de Pâques ; les *Proses* ; la *Messe des Morts* et le chant du *Libera me*, *Domine* ; la *Messe de Dumont du 1ᵉʳ mode*, dite *Messe royale* ; net . . . . 7 »

ORDINAIRE DE LA MESSE

2ᵉ livre : — les messes suivantes : 1° pour les *Fêtes doubles* ; 2° pour les *Doubles ordinaires* ; 3° pour les *Fêtes de la sainte Vierge* ; 4° pour les *Dimanches* ; 5° pour les *Dimanches de l'Avent et du Carême* ; 6° pour les *Dimanches et Fêtes au Temps pascal* ; 7° pour les *Semi-Doubles* ; 8° le *Chant ordinaire du Symbole* ; 9° le *Credo* pour les *Doubles majeurs* ; 10° la *Messe de Dumont du 2ᵉ mode* ; 11° celle du 6ᵉ *mode* ; 12° *Gloria* usité dans quelques églises ; net. . . . . 7 »

OFFICES DU SOIR

3ᵉ livre : — le chant des *Psaumes et des Cantiques* ; toutes les Hymnes ; le *Benedicamus Domino* ; le Répons *In manus* des Complies ; les *Antiennes à la sainte Vierge* ; diverses prières pour les *Saluts du Saint Sacrement* et le chant du *Te Deum* ; net. . . . . 7 »

...naud de Vilbac. — *L'Organiste accompagnateur*, en 2 livres, in-8° :

1ᵉʳ livre : principaux offices de l'année, messes, motets, hymnes, proses, antiennes, etc.

2ᵉ livre : cantiques choisis pour catéchisme, première communion, fêtes de l'année.

Petit Livre d'orgue (à l'usage des petites et grandes orgues) : 200 pièces pour tous les offices de l'année, en deux livres in-8°, net. . 8 et 7 »

— *L'Orgue moderne* : douze grandes pièces applicables aux petites et grandes orgues, en 2 livres, in-4° net. . . . . 8 et 7 »

L. Niedermeyer et J. d'Ortigue, fondateurs du journal *la Maîtrise.* — Collections et morceaux séparés des plus célèbres compositeurs, œuvres classiques et modernes pour chant et pour orgue, formant les trois années de publication de la *Grande Maîtrise* et les deux années de la *Petite Maîtrise*. En volumes orgue et chant, de 7 à 36 francs chaque volume, prix net.

— *Concours de la Maîtrise.* — Morceaux de chant et d'orgue couronnés et mentionnés, en deux volumes in-8°. Chaque volume, net. . . . 7 »

J. d'Ortigue. — Messe sans paroles, pour violon, violoncelle, piano ou orgue, adaptée aux messes basses des petites chapelles des villes et campagnes. Partition et parties séparées, net. . 5 »

Clément Loret. — *L'Office divin* :

1ᵉʳ livre : 6 messes et vêpres faciles, avec versets et antiennes pour orgue d'église ou de salon (in-8°), net . . . . 6 »

2ᵉ livre : 50 pièces d'orgue pour messes et vêpres, net. . . . . 6 »

— *Exercice journalier du grand orgue* pour le doigté du clavier à main et des pédales, en 3 suites ; chacune : 4 fr. 50 ; le recueil. . . . . 12 »

— 24 *Études avec ou sans pédales* :

1ᵉʳ livre, sans pédales. . . . . . . 12 »

2ᵉ livre, avec pédales. . . . . . . 12 »

J. L. Battmann. — *La Petite Chapelle* :

1ᵉʳ livre, 100 morceaux faciles, pour orgue de salon ou grand orgue, 1 vol. in-8°, net. 7 »

2ᵉ livre, 100 morceaux de moyenne force, 1 vol. in-8°, net . . . . 10 »

— 25 *Offertoires* en cinq suites, chacune. . 10 »

H. Valiquet. — *Récréations religieuses* pour les enfants : 25 cantiques célèbres transcrits pour piano ou orgue, en 4 livraisons :

Chaque livraison : 4 fr. 50 ; le recueil. 12 »

A. Miné. — *Grande Méthode d'orgue*, avec exercices et études, pédales *ad libitum* . . . . . . 30 »

— *Petite Méthode* extraite de la précédente. . 15 »

— *Grand Livre d'orgue* :

1ʳᵉ partie : *Rite parisien*, net . . . . . 15 »

2ᵉ partie : *Rite romain*, net . . . . . . 10 »

3ᵉ partie : choix de pièces d'orgue, applicables aux rites parisien et romain (dans tous les degrés de difficultés), net . . . . . . 5 »

— *Ancien Livre d'orgue*, contenant l'office de l'année, tout le plain-chant arrangé à 3 parties, et un choix de pièces d'orgue . . . . 36 »

— 103 *Pièces d'orgue* de divers caractères, en 2 suites, chacune. . . . . 12 »

Amédée Méreaux. — Transcriptions concertantes d'œuvres célèbres des grands maîtres sur violon, violoncelle, piano et orgue. . . 5, 6, 7 50

H. L. d'Aubel et A. Durand. — *Méthode d'orgue* expressif à l'usage des pianistes, contenant des études et morceaux des maîtres classiques et modernes. . . . . 15 »

IMPRIMERIE CENTRALE DES CHEMINS DE FER. — A. CHAIX ET Cⁱᵉ, RUE BERGÈRE, 20, A PARIS. — 161-7.

www.ingramcontent.com/pod-product-compliance
Lightning Source LLC
Chambersburg PA
CBHW071601220526
45469CB00003B/1082